AF297326

PROCÈS

DES

Assomptionnistes

EXPOSÉ ET RÉQUISITOIRE

DU

PROCUREUR DE LA RÉPUBLIQUE

Compte rendu sténographique

Prix: 50 centimes

PARIS

SOCIÉTÉ NOUVELLE DE LIBRAIRIE ET D'ÉDITION

(Librairie GEORGES BELLAIS)

RUE CUJAS, 17

1900

PROCÈS

DES

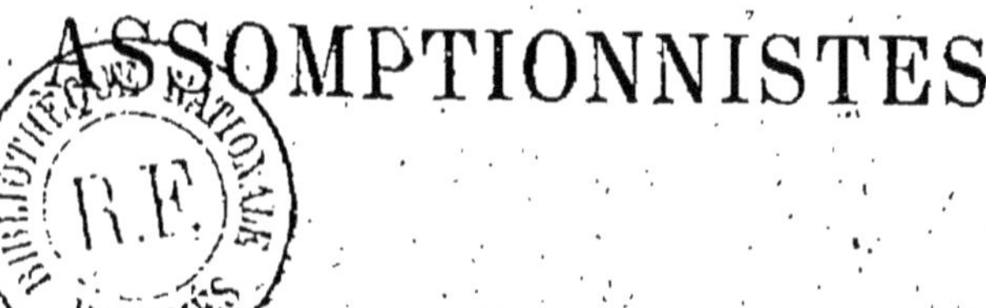

PROCÈS

DES

ASSOMPTIONNISTES

EXPOSÉ ET RÉQUISITOIRE

DE

...CUREUR DE LA RÉPUBLIQUE

Compte rendu sténographique

PARIS

SOCIÉTÉ LIBRE D'ÉDITION DES GENS DE LETTRES

LE PROCÈS

DES

ASSOMPTIONNISTES

Audience du lundi 22 janvier 1900

Le procès des Assomptionnistes est venu le 22 janvier 1900, à midi, devant la 9e Chambre correctionnelle, présidée par M. Roulleau. M. Bulot, procureur de la République, occupe le siège du ministère public.

Voici d'abord, à titre de document, le réquisitoire rédigé par le Parquet :

Le Réquisitoire du Parquet

La Congrégation des Assomptionnistes a été fondée vers 1850 par le P. d'Alezon. Son but apparent est purement religieux et paraît être l'extension du règne de Jésus-Christ.

Dès son origine, cette association s'est, en réalité, beaucoup plus occupée de politique que de religion, résolus qu'étaient ses membres à se servir de la seconde pour faire triompher leurs théories politiques et sociales. Dans ce but,

nelle, dans le but de dissimuler ses attaches avec les Assom
tionnistes, attaches qui aux yeux d'un certain nombre de
membres laïques pouvaient avoir des inconvénients au point
vue de la propagande faite sous l'inspiration et dans l'inté
de la politique poursuivie par la Congrégation.

Cette vaste association compte en France au moins qu
torze maisons, dont les plus importantes sont celles de Par
Livry, Nîmes, Bordeaux, Arras, etc.; et plus de quatre cer
pères assomptionnistes, sans parler des frères et des novice
elle a, en outre, de nombreuses maisons à l'étranger, nota
ment en Italie, en Belgique et dans l'Orient où elle en a p'
de dix-huit.

Par la création et l'organisation des nombreux comités de
il a été parlé plus haut, elle rayonne sur la France entière
son action se fait sentir jusque dans les plus modestes cor
munes.

L'Association est en apparence locataire des principaux ir
meubles qu'elle habite à Paris et en province : en réalité, e
paraît être propriétaire de la plupart de ces immeubles q
ont été acquis sous forme tontinière par quelques-uns de s
membres, auxquels celles de leurs règles que l'on a pu co
naître interdisent de rien posséder personnellement sans l'a
torisation de leur supérieur.

L'immeuble de la rue François-Ier, à Paris, notammen
paraît être la propriété d'un M. Baudon de Mony, dont u
contre-lettre en date du 26 décembre 1860, soigneuseme
épinglée au dernier bail par lui consenti en 1897, reconn
que la propriété appartient aux Assomptionnistes. Cet im
meuble, à *lui seul*, représente une valeur de 1.500.000 fran
au moins, d'après l'expert commis par M. le juge d'instructio

La propriété de Livry appartient à M. Benjamin Bailly,

comité « Justice-Égalité », à même de délibérer, chaque jour, lorsque les circonstances l'exigent, sur les éventualités qui peuvent se produire et qui intéressent l'œuvre entreprise par l'Association. Dans les circonstances graves, les membres de l'Association habitant la province se rendent à Paris, où d'ailleurs ils se réunissent sous prétexte de congrès ou de retraites à des époques fréquentes. Ces congrès et ces retraites se tiennent aussi à Livry où se sont réunies les deux dernières assemblées générales de 1892 et 1898, désignées sous le nom de chapitre général aux documents saisis.

C'est dans ces dernières assemblées que sont prises les résolutions importantes qui ont été étudiées dans les réunions annuelles dont il vient d'être parlé, ou même par les Pères qui habitent en permanence Livry ou Paris, et qui se rencontrent toutes les fois que les intérêts de l'œuvre le nécessitent.

Tels sont les caractères généraux de la vaste Association qui, sous le manteau de la religion, demandant ses ressources aux aumônes de toutes sortes, exerçant son influence à l'aide des intrigues les plus habiles et les mieux dissimulées, a, depuis près de vingt ans, étendu ses ramifications sur tout le territoire de la République pour s'y assurer une prépondérance purement politique que le gouvernement ne pouvait pas plus longtemps tolérer.

L'information n'a révélé le nom d'aucun tiers qui ait sciemment prêté sa maison ou son appartement, dans un but de fraude à la loi, aux réunions des membres de ladite Association. Les présomptions relevées contre les sieurs Canouël (P. Hilaire) et Dabescat (P. Olivier), qui n'habitent pas Paris, ne sont pas non plus de nature à motiver leur renvoi en police correctionnelle.

Attendu, en conséquence, en ce qui concerne les sieurs Canouël (Joseph-Charles-Stanislas) et Dabescat (Louis-Barthélémy), qu'il n'existe pas contre eux en l'état charges suffisantes; vu l'article 128 du Code d'instruction criminelle, requiert non-lieu en ce qui les concerne;

Mais attendu qu'il résulte des faits ci-dessus:

Contre les sieurs Picard (François), Bailly (Marie-André-Vincent-de-Paul), Allez (Claude-François), Saugrain (Hippolyte), Jaujoux (Marie-André-Auguste), Jacquot (Émile-Joseph), Maubon (Joseph), Doumet (Paul-Emile-François), Chicard (Marie-Jules), Chabaut (Pierre), Gerbier (Léopold) et Debauge (Jean-François):

Charges suffisantes d'avoir, sur le territoire français, et notamment à Paris, depuis moins de trois ans, fait partie d'une association de plus de vingt personnes, formée dans le but de se réunir pour s'occuper d'objets religieux, littéraires, politiques ou autres, sans l'agrément du gouvernement;

Vu les articles 291 et 92 du Code pénal, 1 et 2 de la loi du 10 avril 1834;

Requiert qu'il plaise à M. le juge d'instruction renvoyer les susnommés devant le tribunal de police correctionnelle pour être jugés conformément à la loi.

Au Parquet, le 12 janvier 1900, à 7 heures du soir.

Le Procureur de la République,
BULOT.

Les Interrogatoires

M. LE PRÉSIDENT. — Messieurs, vous êtes prévenus d'infractions à la loi sur les associations. Monsieur Picard, vous reconnaissez être membre d'une association connue sous le nom de Congrégation des P. Augustins de l'Assomption ?

Le P. Picard. — Je n'accepterai pas le mot d'association.

M. le Président. — J'emploie en ce moment le mot légal.

Le P. Picard. — Ah ! le mot légal de l'accusation.

M. le Président. — De l'inculpation.

Le P. Picard. — Jamais nous n'avons accepté le mot d'association.

M. le Président. — Si vous le voulez, prenons-le momentanément, puisque nous ne sommes pas à débattre la légalité, nous sommes à préciser les faits. Reconnaissez-vous être membre, et même le supérieur de la Congrégation des P. Augustins de l'Assomption ?

Le P. Picard. — Je suis supérieur général des Pères de l'Assomption.

D. — Cette congrégation comprend plus de vingt membres ?

R. — Certainement, beaucoup plus de vingt membres.

D. — Même résidant à Paris ?

R. — Même résidant à Paris ; ils résident ensemble.

D. — Résidant ensemble à Paris ?

R. — Oui, c'est cela.

D. — L'objet de cette association est de s'occuper d'objets religieux, de questions politiques et d'autres ?

R. — Le grand point, ce sont les questions religieuses, puisque c'est une congrégation religieuse.

D. — Alors, c'est le but principal de l'association ?

R. — Les autres questions ne viennent que comme questions incidentes ou bien dépendent de la pensée religieuse, parce que c'est la pensée religieuse qui domine tout.

D. — Vous vous occupez donc de questions religieuses d'abord et accessoirement d'autres questions ?

D. — Elle a pour but de discuter les questions religieuses et politiques.

R. — Religieuses uniquement.

D. — Monsieur Saugrain, vous reconnaissez être membre de la Congrégation de l'Assomption qui se compose de plus de vingt personnes et qui a pour objet la discussion de questions religieuses et autres ?

Le P. Saugrain. — Oui, et autres.

D. — Monsieur Jaujoux, j'ai les mêmes questions à vous poser : Vous êtes membre de la Congrégation de l'Assomption, qui se compose de plus de vingt personnes et qui a pour objet la discussion de questions politiques, religieuses et autres ?

Le P. Jaujoux. — Religieuses seulement.

D. — Monsieur Jacquot, j'ai à vous poser les mêmes questions : Vous reconnaissez être de la Congrégation de l'Assomption ?

Le P. Jacquot. — Parfaitement.

D. — Congrégation qui se compose de plus de vingt membres et qui a pour but la discussion des questions religieuses, politiques et autres ?

R. — Religieuses seulement.

D. — Monsieur Maubon, vous êtes membre de la congrégation de l'Assomption qui se compose de plus de vingt personnes et qui a pour but, comme je le disais tout à l'heure, la discussion de questions religieuses, politiques et autres ?

Le P. Maubon. — Qui s'occupe de questions religieuses seulement.

M. le Président. — Monsieur Doumet, vous êtes membre de la Congrégation de l'Assomption ?

R. — Oui, Monsieur.

D. — Congrégation qui se compose de plus de vingt personnes et qui a pour but la discussion de questions religieuses, politiques et autres ?

R. — Principalement de questions religieuses.

M. le Président. — Monsieur Chicard, vous êtes membre de la Congrégation des Augustins de l'Assomption ?

R. — Oui, Monsieur.

D. — Cette Congrégation comprend à Paris seulement plus de vingt personnes et elle a pour but la discussion de questions religieuses, politiques et autres ?

R. — Religieuses seulement.

M. le Président. — Monsieur Chabaut, vous êtes membre de la Congrégation des Pères de l'Assomption, vous le reconnaissez ?

R. — Oui, Monsieur.

D. — Cette Congrégation comprend plus de vingt personnes ?

R. — Oui, Monsieur.

D. — Elle a pour objet la discussion de questions politiques, religieuses et autres ?

R. — De questions religieuses.

M. le Président. — Monsieur Gerbier, je vous pose les mêmes questions : Vous êtes membre de la Congrégation des Augustins de l'Assomption ?

Le P. Gerbier. — Parfaitement, Monsieur le Président.

D. — Congrégation qui comprend plus de vingt membres ?

R. — Parfaitement.

D. — Et qui a pour objet la discussion de questions politiques, religieuses et autres ?

R. — Qui a pour objet les questions religieuses. Chaque membre garde sa liberté entière de citoyen de traiter toutes les questions qui peuvent naître.

M. le Président. — Monsieur Debauge, vous reconnaissez

d'une instruction judiciaire afin de découvrir l'auteur ou les auteurs du crime;

« Attendu que les résultats de cette instruction seront de nature à éclairer les juges de l'action correctionnelle ;

« Attendu qu'il existe entre l'action criminelle et l'action correctionnelle une évidente connexité ;

« Par ces motifs :

« Dire qu'il sera sursis au débat de l'affaire actuellement pendante jusqu'à ce qu'il ait été fait droit à la plainte du R. P. Hippolyte Saugrain. »

M⁰ Delepouve développe ses conclusions en ces termes :

Messieurs, je n'ai que quelques mots à ajouter à cette lecture. Si le procès s'était renfermé dans le délit qui est reproché aux prévenus, s'il ne s'agissait que de déterminer devant vous les responsabilités que peuvent avoir des religieux vivant en commun, vis-à-vis de la loi, telle qu'elle est édictée dans l'article 291 du Code pénal, nous n'aurions pas soulevé la discussion que nous soulevons en ce moment. Quelque grave que soit ce débat, il était cependant limité à l'interprétation d'un article de loi ; mais l'instruction, que je n'incrimine en aucune façon personnellement, a cru pouvoir aller plus loin : des perquisitions ont été faites qui dépassaient certainement de beaucoup le but que l'on voulait officiellement atteindre ; dans ces perquisitions, on a prétendu trouver une somme considérable, que l'on a appelée le trésor des Pères de l'Assomption. Ce trésor a fait l'objet d'un procès-verbal qui n'a pas été connu du P. Hippolyte Saugrain, dans la chambre duquel on prétendait l'avoir trouvé.

A la suite de cette perquisition, il a été fait des communications à la presse. Toute la presse a affirmé, à l'insu du Père qui avait été l'objet de cette perquisition, que l'on avait trouvé un trésor de plus de 1.800.000 francs dans la chambre et le tiroir du secrétaire du P. Hippolyte. Plus tard, et au cours même de l'instruction, une communication était faite au journal *le Figaro* : l'on soutenait même que le P. Hippolyte Saugrain avait connu et reconnu lui-même, par sa signature, l'existence d'une somme évaluée à plus de 1.800.000 francs entre ses mains. Il a protesté publiquement, et dans les journaux et dans l'*Agence Havas*. Malgré cette protestation, on a passé outre, il n'y a pas eu de débat ; et lorsqu'il a été interrogé ofûcieusement, M. Péchard a reconnu qu'en effet la signature du P. Saugrain n'était pas au bas de ce document.

Dans ces conditions, une plainte en faux a été adressée à M. le Procureur général, demandant à ce qu'il fût recherché quels étaient le ou les auteurs du faux. Sur cette plainte, nous n'avons encore reçu aucun renseignement. Cependant, puisque le fait de l'existence du trésor a été introduit dans le débat, puisque des témoins doivent être entendus à votre audience, il n'est pas possible que le Tribunal ne sache pas à quel moment il a été rédigé ; quelles sont les personnes qui l'ont signé, et par suite de quelles manœuvres secrètes ce procès-verbal a été publié dans le *Figaro*, dans les conditions où il a été porté à la connaissance du public.

Il faut, en effet, Messieurs, que l'on sache nettement s'il est vrai que l'on ait découvert cette somme chez le P. Hippolyte Saugrain. Il faut que l'on sache par quels moyens on est arrivé à faire cette publication, sensationnelle, afin d'égarer et de tromper l'opinion publique. Il faut savoir enfin qui est innocent ou qui est coupable, ou si, au contraire, le *Figaro* a été lui-même victime d'une communication frauduleuse. Il faut savoir dans ce cas quels sont ceux qui ont fait cette communication ; il faut que cela soit connu, soit publié.

Nous venons ici avec la volonté de nous défendre, de dire la vérité, toute la vérité, quoique nous ne soyons pas entendus sous la foi du serment ; mais nous avons le sentiment de notre dignité et de notre honneur, nous voulons venir devant vous la tête haute, et nous demandons que, de la part de nos adversaires, il y ait la même loyauté, la même franchise, qu'on ne dissimule rien, et que, s'il y a une action coupable, elle soit révélée et flétrie devant vous et devant l'opinion publique.

Réponse du Procureur de la République

M. LE PROCUREUR DE LA RÉPUBLIQUE. — Messieurs, je m'attendais bien à des conclusions *in limine litis*, mais j'avoue que ce n'étaient point les conclusions que vous venez d'entendre que je pouvais prévoir.

Comment ? parce qu'un journal, le *Figaro*, aura publié un procès-verbal auquel il aura, par une erreur que je n'ai point pour le quart d'heure à apprécier, ajouté une signature par voie d'addition — ce fait remonte à près de deux mois, mais je m'en souviens très bien, — parce qu'un journal en publiant ce procès-verbal avec le rapport de M. Péchard aura ajouté la signature du P. Hippolyte au bas d'un rapport qui ne comportait la signature d'aucun des prévenus ; parce qu'un journal aura commis cette irrégularité que l'on a qualifiée de faux, il faudrait remettre l'affaire pour attendre la solution d'une instruction qui, je crois, d'ailleurs, n'est pas ouverte ?

Cette instruction, je puis même dire que je suis sûr qu'elle n'est pas ouverte, car si M. le Procureur général a reçu une plainte, il ne me l'a pas transmise, et, par conséquent, il n'a pas fait ouvrir d'information.

Mais enfin, parce que ce fait se serait passé, — et j'admets même qu'une instruction soit ouverte pour savoir quel est au *Figaro* le rédacteur qui aurait ajouté une signature ou si ce n'est pas par erreur qu'elle s'est trouvée mise au bas d'une pièce qui n'en comportait pas — il faudrait renvoyer les débats à une date absolument indéterminée, et cela parce qu'il y aurait une connexité évidente entre le délit reproché aux prévenus et le crime (le mot pourra paraître gros au *Figaro* lui-même) qu'aurait commis le journal *le Figaro* ?

Je crois, Messieurs, que, pour apprécier ces conclusions elles-mêmes, il est nécessaire que le Tribunal sache ce que nous reprochons aux prévenus. Ils paraissent dire que nous leur reprochons, bien plus que leur Association de plus de vingt membres, le fait d'avoir été à un moment donné en possession d'une somme d'environ 1.800.000 francs, parce que ce fait a été révélé dans le journal *le Figaro*. Voilà la raison pour laquelle ils pensent que notre accusation porte sur ce point. Mais ce fait fera l'objet d'une discussion à la barre : j'ai cité des témoins pour l'éclaircir.

Je réponds, avant d'entrer dans un exposé qui, vous allez le voir, est nécessaire ; mais je réponds tout de suite, parce que j'ai l'habitude de répondre à toutes les objections que l'on me fait, qu'en ce qui me concerne, cet incident des 1.800.000 francs, aujourd'hui que je connais tout le dossier, me paraît tout simplement une goutte d'eau dans la mer immense des fonds qui, sous toutes les formes, affluaient à la Congrégation de l'Assomption, et que si, au début, on a été très surpris, en effet, qu'une congrégation, dont un des vœux est le vœu de pauvreté, détînt dans un tiroir une somme considérable qui dormait improductive d'in-térêts, prête à toutes les besognes impérieuses de l'heure présente, aujourd'hui on est beaucoup moins surpris. Vous verrez, notamment, par des rapports du P. Picard au chapitre de 1892, qu'on dépense des millions par an dans cette Congrégation si pauvre, et que, par conséquent, une somme de 1.800.000 francs représente par elle-même fort peu de chose.

Si cependant, j'ai retenu le fait dans mon réquisitoire, c'est, non pas à cause de la publication du *Figaro*, mais à cause des dépenses que je trouvais à chaque instant dans le journal *la Croix*, dans lesquelles on protestait contre l'information de ce commissaire de police. Je termine tellement que vous apprécierez. J'ai voulu, lui, en outre, contradictoirement avec le P. Hippolyte Saugrain, M. Péchard, les employés de son commissariat, M. Hamard, commissaire de police, qui a été le confident immédiat de la découverte faite par son collègue, et cela dans la chambre même du P. Hippolyte Saugrain, j'ai voulu qu'ils vinssent vous dire ce que c'est que cet incident, dans quelles conditions le commissaire de police avait trouvé ou cru trouver, — je ne veux pas trancher la question maintenant — cette somme de 1.800.000 francs. J'ai voulu enfin, Messieurs, que le débat fût complet, et de la part des Pères et de la mienne, sur cette question.

Mais de conclure, je n'en vois pour ma part aucune. Je suis certain que, si je voulais m'asseoir, en disant au Tribunal de rendre son jugement, celui-ci serait en face, ici même, d'une série d'incidents. Il est évident que le Tribunal ne connaîtrait jamais sur une simple question de fait.

M. LE PRÉSIDENT. — Pardon, Monsieur le Procureur de la République, si vous voulez, nous allons faire l'appel des témoins et comme ils ne pourront être entendus aujourd'hui, nous remettrons leur audition à demain.

nous aider dans l'accomplissement de cette volonté très arrêtée chez nous. Par conséquent, je prie le Tribunal de statuer tout de suite sur les conclusions de sursis que nous avons déposées. Si ces conclusions sont rejetées, ce sera alors le moment pour M. le Procureur de la République de prendre la parole.

M. LE PROCUREUR DE LA RÉPUBLIQUE. — Je veux, Messieurs, m'expliquer d'une façon complète sur ces conclusions dans lesquelles on parle de connexité. Je préviens mes adversaires, et j'ai le regret d'indiquer au Tribunal que mes explications seront fort longues sur ces conclusions, et comprendront l'exposé des faits, qui seul peut permettre de voir s'il y a une connexité entre les faits qui se sont passés jusqu'au jour où l'instruction a été ouverte et le crime qu'on prétend avoir été commis quelques jours plus tard. Je ferai cet exposé sous une certaine forme, et prie le Tribunal de ne statuer que lorsque je me serai expliqué...

Me DE BELLOMAYRE. — En un mot, sous la forme de conclusions en ce qui concerne la question de connexité, M. le Procureur de la République veut faire un exposé complet de l'affaire.

M. LE PROCUREUR DE LA RÉPUBLIQUE. — Parfaitement.

Me DE BELLOMAYRE. — Eh bien ! je dis que si le Tribunal veut ordonner le sursis, il est bon que sa décision intervienne auparavant, car si le Tribunal veut faire droit à nos conclusions, je ne comprendrais pas qu'un exposé fût fait comprenant l'exposé de la prévention sans que nous ayons pu la discuter, parce que si ensuite le sursis est déclaré, l'exposé serait livré à l'opinion publique en général sans que nous ayons pu le discuter. Il faut donc que la question de sursis soit discutée. Quand le Tribunal aura dit s'il y a lieu ou non à sursis, s'il n'est pas accordé, alors, logiquement, M. le Procureur de la Ré-

publique aura la parole. J'insiste donc pour qu'il soit discuté
sur le sursis avant de passer outre aux débats de l'affaire.

M⁰ Henri Bazire. — Monsieur le Président, c'est précisément parce que, très loyalement, M. le Procureur de la République nous annonce un exposé qui devra être fort long, que
la nécessité s'impose pour le Tribunal de statuer immédiatement sur les conclusions d'exception.

Le P. Hippolyte Saucrain. — Je demande à faire une observation : c'est que le faux indiqué dans le *Figaro* a été en
quelque sorte la conclusion d'une campagne contre la *Croix*
qui a préparé le procès. Voilà pourquoi nous demandons que
ce point soit éclairci.

M. le Président. — Nous allons, dans tous les cas, renvoyer les témoins, puisque, quelle que soit la solution à inter-
venir, nous ne pourrons pas les entendre aujourd'hui. Huissier,
informez les témoins qu'ils ne pourront pas être entendus
aujourd'hui et qu'ils le seront demain, au début de l'audience,
s'il y a lieu.

(Aux *défenseurs*.) Nous ne pouvons pas empêcher M. le
Procureur de la République d'exposer ses conclusions sur le
sursis ni les moyens qu'il entend développer à l'heure actuelle
pour combattre le sursis. Sur ce point, M. le Procureur de la
République peut s'expliquer, et vous aurez le droit de lui répondre très complètement si vous le voulez. Le Tribunal vous
donnera la parole à ce moment, ou même maintenant, pour
discuter vos conclusions de sursis, si vous le jugez utile, mais
sur ce terrain très net des conclusions de sursis, M. le Procureur de la République a le droit de fournir toutes les explications qu'il désire.

M⁰ de Becconvre. — Sur ce terrain, M. le Président a
raison : si M. le Procureur de la République se borne à trai-

ter cette question aussi compendieusement qu'il le pourra,
nous sommes d'accord ; mais si à côté de la discussion des
conclusions que nous avons prises, c'est-à-dire des conclusions sur le faux ajouté au procès-verbal, il doit y ajouter
l'exposé complet de l'affaire, je trouve... j'allais dire qu'il n'y
a plus de loyauté, je ne prononce pas l'expression, mais je
trouve que ce serait une équivoque à l'aide de laquelle M. le
Procureur de la République ferait l'exposé général de l'affaire.
Si M. le Procureur de la République veut se borner à l'exposé
pur ce qui concerne les conclusions de sursis, oui ; mais s'il
entend expliquer toute l'affaire, non !

M. LE PRÉSIDENT. — Monsieur le Procureur de la République, vous avez la parole sur les conclusions de sursis.

EXPOSÉ

du Procureur de la République

Messieurs,

Je ne veux pas discuter plus longtemps sur la question de savoir dans quelle mesure je puis m'expliquer sur ces conclusions de sursis. J'avais inscrit en tête de l'exposé que je veux vous faire ces trois mots qui résumaient la portée de cet exposé ; je voulais qu'il pût permettre aux prévenus comme au Tribunal de comprendre mieux les explications que les uns donneraient et que le Tribunal devrait entendre ; ces trois mots étaient : la clarté, la précision, la loyauté.

La loyauté — le mot se trouvait indiqué sur ma note — la loyauté même du débat à mon avis exigeait cet exposé préalable, qui est d'ailleurs prescrit par l'article 190, C. Ins. Cr. : il est la première formalité qui doit, dans un débat de cette nature, aux termes de la loi, se produire. Si dans la pratique on y renonce pour l'expédition plus rapide des affaires, lorsqu'une affaire est grave, lorsqu'elle comporte des détails que les membres du Tribunal ne peuvent pas connaître, que le président sait seul par l'examen du dossier communiqué, il est nécessaire, il est indispensable — le législateur l'a prévu — qu'un exposé soit fait par le ministère public. Cet exposé est particulièrement utile, et je ne peux pas le scinder, précisément pour l'examen de la question qui vous est posée.

On vous dit : Il y a une connexité entre le prétendu délit reproché aux Pères de l'Assomption et le crime commis par le *Figaro* et tous autres. « Et tous autres » comprend, si j'ai bien entendu entre les mots, même le parquet ; alors c'est lui qui a fait les procès-verbaux, et c'est lui qui les a communiqués, ou qui a communiqué le procès-verbal reproduit, additionné d'un faux ?...

C'est entendu. Eh bien ! pour que cela puisse être compris de vous, qui ne savez pas ce que c'est que cette affaire, il est certain que l'exposé prescrit par l'article 190 s'impose *in limine litis ;* cet article me prescrit de le faire, et je prie le Tribunal de me le permettre au besoin à l'appui de l'opposition que je vais faire aux conclusions de sursis.

Cet exposé, Messieurs, avait un autre but que celui auquel il va tendre pour répondre aux conclusions de sursis, il avait pour but de démontrer aux prévenus eux-mêmes, au Tribunal, à l'opinion publique attentive à ce qui se passe dans ce débat, qu'il ne s'agit point du tout, ici, d'une persécution religieuse ou autre ; qu'il n'est point entré dans l'esprit du gouvernement et qu'il n'entre pas dans l'esprit du ministère public de faire de la persécution ; que si les Pères se trouvent sous le coup des poursuites dirigées contre eux, c'est parce qu'ils ont contrevenu, de la façon la plus grave, aux prescriptions de la loi. Tout cela, il est nécessaire que vous le sachiez, et je ne parle que des faits ; je discuterai, dans mon réquisitoire, en droit, mais il est nécessaire que vous connaissiez les faits que nous reprochons aux prévenus.

tres ... les sœurs pourront être inhumées à leur place à
perpétuité. »

« Obligations. — Par la profession de la règle, les frères
s'engagent : 1° à l'obéissance envers le directeur... »

Rien de plus respectable, Messieurs, que ce but de l'Association, et vous pouvez être certains que si les Pères de
l'Assomption n'avaient jamais fait autre chose que ce qu'ils
disent dans ces quelques lignes, ils ne seraient jamais venus
sur les bancs de la 9e Chambre.

En outre, ils ont un tiers-ordre, je viens de vous le montrer. À l'instant, j'y reviendrai plus tard. Voici l'article
dont j'ai à vous parler... c'est le point auquel je m'attache.

Je vous l'ai ouvert ... à propos duquel on pourra
parler de l'incident Péchard :

« Nous nous efforcerons de mépriser tous les biens créés
pour ne nous attacher qu'à ceux du ciel. La pauvreté évangé-
lique sera pour nous comme la preuve extérieure de la pratique de l'espérance, et c'est pourquoi nous nous appliquerons
à être pauvres dans le sens le plus rigoureux. »

C'est là la règle, Messieurs. Ces statuts ou ces constitutions
que nous ne pouvons point retrouver, que le P. Picard déclare
n'exister qu'à l'état de projet dans son droit... ont-ils reçu
l'approbation du Saint-Siège ? Eh bien ? non, ou du moins, non,
puis affirmer avec le P. Picard lui-même qu'à la date du
22 décembre ils étaient encore soumis à l'approbation du
Saint-Siège. En effet, dans une partie de l'interrogation
qu'il a subie le 22 décembre 1899, il ... à une autre époque
qu'il ne précise pas ... l'Institut aurait été approuvé par le
pape... »

Il dit encore le 22 décembre 1899 : — Veuillez retenir ceci
qui est ce propos...

fait de la non-approbation, je l'aurais ignoré si le P. Picard ne l'avait pas dit... Dit ? non, vous verrez que dans son interrogatoire pendant quinze pages il ne répond pas aux questions qu'on lui pose, et qu'en somme il ne dit que ce qu'il veut bien dire.

Eh bien ! des constitutions non approuvées par le Saint-Siège n'obligent pas les membres de la Congrégation ; vous aurez à retenir ce fait parce que je veux faire un réquisitoire aussi court que cet exposé aura été long ; vous aurez à le retenir pour voir si nous sommes en fait en présence d'une congrégation ; nous verrons la définition de la congrégation dans les meilleurs auteurs que réclament pour leur défense les Pères de l'Assomption...

Le P. Picard. — Monsieur le Président...

M. le Président. — N'interrompez pas. Vous répondrez quand M. le Procureur de la République aura terminé.

Le P. Picard. — Je croyais que j'aurais été interrogé au début de l'audience, et je voulais fournir toutes les explications nécessaires.

M. le Président. — Vous aurez la parole pour fournir vos explications.

Le P. Picard. — Je vous remercie, mais je tiens à dire que je suis prêt à donner toutes les explications nécessaires.

M. le Procureur de la République. — Ces messieurs ont si peu de constitutions qu'en 1898, au chapitre — je vous expliquerai ce que c'est qu'un chapitre — on a rédigé un coutumier, alors qu'on existait depuis quarante-huit ans. Voici la préface de ce coutumier rédigée par le P. Picard. Ce document a été trouvé à l'établissement de Saint-Louis-de-Gonzague, commune de Saujon, arrondissement de Saintes — c'est la pièce 3 du scellé 3 :

« Ils ne vont dans leur famille que dans *un cas de grave nécessité*.

« Au bout de cinq ans, ils ont fini leurs études classiques. Ils sont en état d'entrer, soit au grand séminaire, soit dans un ordre religieux ; la plus grande liberté leur est laissée en ce point... »

Je vois également :

« Perquisition Garnot, scellé unique, pièce 1, page 8.

« Il importe d'exiger des enfants une certaine capacité. C'est pourquoi les examens préalables sont si nécessaires avant l'admission à l'alumnat. Un enfant, pour être admis doit : en dehors des pièces réclamées à la famille, jouir d'une bonne santé, d'une intelligence plus qu'ordinaire, avoir un caractère *pliable*, surtout très franc, montrer le sentiment très profond de la grandeur de sa vocation ; il lui faut une persévérance soutenue, une certaine joie dans le service de Dieu, de la promptitude d'obéir, l'amour du règlement, un esprit ouvert mais sérieux... »

Enfin, dernière citation pour faire connaître l'œuvre des alumnats prise dans le même scellé, pièce 3 :

« L'œuvre de N.-D. des Vocations répartit les œuvres qu'elle reçoit entre les divers alumnats ; mais aujourd'hui, c'est non seulement pour les jeunes gens de ces alumnats, mais aussi pour ceux qui sont entrés au noviciat des Pères de l'Assomption, que nous sollicitons des secours. L'importance de cette œuvre est capitale pour N.-D. des Vocations, car c'est du noviciat que sortent les religieux qui dirigent les alumnats et qui en fondent de nouveaux. C'est, d'ailleurs, la source des œuvres qui s'accomplissent par la congrégation en France et à l'étranger. »

Vous voyez, Messieurs, par ces très courtes citations extraites des volumineux scellés que nous avons — je pourrais vous en citer bien d'autres — qu'ils veulent pétrir le cerveau des jeunes enfants qu'ils vont prendre à des familles pauvres, auxquelles, en leur présentant la perspective de l'instruction gratuite, ils les arrachent. Ils les garderont pendant cinq ans. (*Protestations dans la salle.*)

M. LE PRÉSIDENT. — Si une nouvelle manifestation de cette nature se produit, je ferai évacuer la salle.

M. LE PROCUREUR DE LA RÉPUBLIQUE. — Je dis qu'ils les arrachent à leurs familles. Le premier document que je vous ai lu vous montre qu'on les prive de vacances pour qu'ils perdent l'esprit de la famille et pour qu'ils entrent dans cette autre famille : l'Assomption, n'allant chez leurs parents pendant cinq ans que tout à fait exceptionnellement.

Je dis, Messieurs, qu'ils les préparent, les pervertissent, leur pétrissent le cerveau, leur enlèvent tout caractère propre, de façon qu'ils leur obéissent comme jadis les Jésuites *perinde ac cadaver !*

J'ai encore un mot à dire sur ce point.

Comment vivent-ils ? quelles sont leurs ressources ? quelles sont leurs dépenses ? En apparence, Messieurs, ils n'ont rien. Je trouve dans un rapport du P. Picard, au chapitre tenu à Livry, une expression très forte pour indiquer qu'ils n'ont rien, « ni rentes, ni fondations, ni dots », alors qu'en réalité, à l'aide d'œuvres, d'associations de toute nature, ils parviennent à vivre et à se procurer des ressources considérables.

Ici, Messieurs, car je ne vous dis rien que je ne puise à des documents émanant d'eux-mêmes, voici ce que je lis :

« Permettez-nous de vous rappeler... » (*Bruit.*)

M. LE PRÉSIDENT. — Silence, Messieurs, il n'est pas possible d'écouter dans ces conditions. Gardes, vous ferez évacuer la salle à la première manifestation.

M. LE PROCUREUR DE LA RÉPUBLIQUE. — Voici cette pièce :

« Permettez-nous de vous rappeler les religieux Augustins
de l'Assomption à qui vous voulez bien vous intéresser. Ils
ont des œuvres nombreuses : Notre-Dame des Saint, les Pèlerinages, la *Croix*, le *Pèlerin*, les œuvres de presse, les
œuvres d'éducation, etc. »

[...] dit tout de suite que les œuvres de presse, d'après
M. Picard, rapportent plus qu'elles ne coûtent, même
pendant la [...] pièce.

« Par une étrange erreur, on s'imagine que ces œuvres [...]
font vivre, tandis qu'elles ne font habituellement qu'absorber
leur temps et grever leur budget. Ils vivent d'aumônes, [...]
attendant chaque jour le pain de la charité pour [...]
[...] ou aliments, leurs noviciats, leurs maisons [...]
[...] leur mission.

[...] les nouvelles de persécution, en les obligeant d'envoyer ailleurs leur postulants et novices, sont venues accroître
le désordre [...]

Venons leur en aide en prenant notre part du souci
des œuvres de zèle auxquelles ils [...] et qui leur
attirent à la fois tant de mérite et d'ennemis [...]

[...] l'Association de Notre-Dame des Vocations, belle œuvre
indispensable, qui en ce moment occupe surtout leurs sollici-
tude.

[...] c'est pour elle que nous venons tendre la main à leur
place [...]

[...] abandonnant leurs enfants et en ainsi aux [...]
que nous chargeons à gagner le pain de chaque jour [...]

Perquisition de [...] *L'Écho du Nonciat de Lyon*
[...] nos lecteurs [...]

[...] titre de cette feuille indique le but qu'elle se propose [...]

[...] Depuis six ans, les Augustins de l'Assomption ont établi
leur noviciat à Lyon, Saint-[...], dans une ancienne
abbaye [...] ancienne confisquée par la Révolution et démolie en
grande partie [...] leur noviciat [...]

très [illegible] service à Dieu sans relâche, mais [illegible]
aux aumônes d'un grand nombre d'âmes charitables [illegible]
[illegible] pour la gloire de Dieu et très dévoué [illegible] sanctuaire de
l'Assomption.

L'Église, il est vrai, a établi des clôtures interdisant aux
dames l'entrée des couvents; cependant, elle [illegible] en ouvre [illegible]
portes aux princesses et aux fondatrices. Mais il n'y a pas une [illegible]
[illegible] princesses de sang royal [illegible] et des fondatrices de la
charité, traite [illegible] grande et noble idée que Notre Seigneur
introduit dans le monde. Il y a ainsi, en dehors des [illegible]
qui donnent des couvents [illegible] celles [illegible]
les vieux, les reconstruisent au jour le jour.

[illegible]

Déjà nous avons rebâti la chapelle démolie [illegible] Révolution, et nous espérons bien avant [illegible]
relever tout ce qui a été abattu [illegible]

[illegible]

Dieu par les jeunes religieux dont ils assurent la vie matérielle.

« Le Bulletin prie ces bienfaiteurs anciens d'en trouver de nouveaux et d'augmenter ainsi le nombre des membres de notre Association.

« Ces nouveaux amis, auxquels le Bulletin sera communiqué, ont besoin de savoir quelle est l'œuvre dont on leur demande de s'occuper. Elle se nomme l' « Œuvre du pain quotidien » en faveur des vocations religieuses sacerdotales des Augustins de l'Assomption.

« Elle consiste à donner du pain aux religieux qui n'en peuvent pas gagner, leur temps étant employé à l'étude de la théologie jusqu'au jour de leur élévation au sacerdoce...

« L' « Œuvre du pain quotidien » est une des branches de l'œuvre de Notre-Dame-des-Vocations, qui s'occupe tout d'abord des alumnats, maisons d'éducation destinées à élever et à instruire des enfants qui ont le désir bien formé de devenir prêtres et dont les parents sont trop pauvres pour faire les frais de leur éducation religieuse...

« Cette éducation terminée, ces enfants, s'ils choisissent la vie religieuse chez les Pères de l'Assomption, vont au noviciat où ils passent deux ans, et une fois profès sont envoyés aux maisons d'études.

« La maison de Toulouse est l'une d'elles ; là, les jeunes religieux se préparent au sacerdoce, ils touchent le but tant désiré. Les maisons d'études, comme les alumnats, n'ont d'autres ressources que celles qui leur viennent de l'aumône.

« Nos bienfaiteurs attitrés savent comment on adresse une journée de pain ; voici comment nos nouveaux amis pourront formuler leur envoi, lorsqu'ils se voudront bien décider à le faire : « Je vous envoie ci-inclus un mandat de cinq francs pour la journée de pain du... (ici la date), jour anniversaire de la mort de mon père (ou de tel autre événement). Je vous prie d'appliquer à cette intention les prières et les communions de la journée et d'en faire mémoire à la messe du mardi. » Puis ils adresseront leur lettre au révérend père supérieur de la maison d'études des Pères de l'Assomption, 25 allée de Garonne, à Toulouse.

« Le *Bulletin*... est né pour se faire frère quêteur, aller frapper aux portes, tendre la main et dire un gros merci, quand on ne le repoussera pas...

« Un peu de propagande... Quel est celui ou celle d'entre nous qui n'a pas dix personnes de connaissance à qui il soit possible de demander 10 centimes par semaine? Demander et obtenir une journée de pain de 5 francs versés tout d'un seul coup, c'est peut-être quelquefois difficile, mais demander deux sous tous les dimanches à dix amis, cela est simple comme bonjour.

« Pauvres moyens ! Pauvres petits moyens, s'écriait, il y a deux jours, une personne à qui l'on expliquait ce système. C'est juste, c'est parce que le moyen est pauvre comme nous-mêmes que nous pensons bien que le bon Dieu nous le bénira. »

Je trouve plus loin, toujours pour le pain quotidien :

« Avis important. — Nos bienfaiteurs ont trois principaux moyens de venir en aide à notre maison d'études:

« 1° Nous donner le pain d'une journée dont le prix est de 5 francs;

« 2° Intéresser saint Antoine de Padoue à une affaire en promettant une offrande pour l'œuvre.

« Nous avons un tronc affecté aux demandes qui lui sont faites.

« 3° Nous adresser des dons en nature, si minimes soient-ils, comme linge, comestibles, vin, bois de chauffage, etc. »

Et, pour indiquer ce qu'on accepte :

« Nous avons reçu, pendant ces derniers mois, une caisse de bougies, une aube, des couvertures, des bas, des chemises de flanelle, des cols de flanelle, quelques remèdes de pharmacie (les malades reconnaissants les trouvent plus efficaces que les autres, ils ont la vertu de la charité), des timbres neufs et même des timbres oblitérés qui nous servent aussi. »

Et ainsi de suite. J'ai bien trop de lectures à vous faire pour prolonger celle-là.

A côté, Messieurs, et dans le même ordre d'idées, car il

faut bien que nous recherchions les ressources qui, vous allez le voir, se chiffrent par des millions chaque année, voici ce que je trouve :

« Dévotion à saint Antoine de Padoue. — Nos zélatrices savent que ce grand saint nous vient en aide, d'une façon vraiment merveilleuse ; à elles de nous aider à répandre cette dévotion qui a l'immense avantage d'obliger à la reconnaissance.

« En général, en effet, on prie un saint jusqu'à ce qu'on ait obtenu la grâce sollicitée, et, puis, une fois exaucé, on ne remercie pas. Tandis que, pour saint Antoine, on prie, on demande et l'on dit *merci*.

« Nous conseillons beaucoup de rappeler les avantages attachés à la journée de pain, c'est-à-dire à tout don de 10 francs fait en une seule fois.

« Rappeler également qu'on peut assurer une journée de pain à perpétuité donnant droit à une messe annuelle et à la journée de prières en versant un capital de 340 francs, représentant 10 francs de rente 3 0/0. »

Oh ! ces messieurs connaissent très bien le taux de la Rente !

Je passe, Messieurs, j'en aurais trop à lire, et je veux arriver immédiatement à une autre œuvre. Je viens de vous montrer saint Antoine de Padoue ; permettez-moi de vous montrer quelque chose de plus sérieux encore que les 10 centimes réunis par dix personnes tous les dimanches. Voici d'autres moyens de fournir des fonds à la Congrégation des Assomptionnistes.

« Extrait du tronc de saint Antoine de Padoue. — Saint Antoine, comme toujours, vient de nous accorder une grande faveur ; aussi, en son honneur, ai-je le plaisir de vous adresser ci-joint un billet de 50 francs pour deux jours de pain de noviciat et le surplus pour ce que vous voudrez. Demandez recommandons que ce bon saint nous obtienne avant la fin de l'année une seconde grosse faveur temporelle et je vous adresserai pour ce pain, le double de mon envoi de ce jour. Merci à l'avance de vos bonnes prières.

« Bon saint Antoine, nous avons placé sous votre protection notre maison de commerce. Nous vous promettons de vous donner 2 francs par mois pour le pain des pauvres, et d'augmenter ce versement mensuel jusqu'à concurrence de 5 francs, au fur et à mesure du développement de nos affaires. Nous faisons aujourd'hui un premier versement applicable à octobre. »

Puis « Messieurs » :

« Nos zélatrices n'ignorent pas combien il est difficile, à notre époque, de faire le bien; elles savent aussi qu'il est bien rare qu'après la mort les intentions des défunts soient exécutées. On oublie trop que le plus sûr et le plus prudent est de donner de son vivant. Mais ce qui arrête bien souvent, c'est le besoin que l'on a de toucher les petites rentes. On peut, dans ce cas, nous remettre les titres et nous nous engageons à les garder de façon :

« 1° À les rendre à la première demande;
« 2° À en payer la rente sans aucun frais. »

« Eh bien ! Messieurs ! à côté des sommes obtenues par ce procédé, on a trouvé dix ou onze testaments qu'on a eu la discrétion de ne pas ouvrir, parce que nous ne faisons pas une perquisition pour établir le caractère religieux et le procédé par lequel l'Assomption se procurait des ressources. Je puis dire que si nous avions fait une perquisition à un tel but, M. Péchard aurait apposé les scellés sur des meubles contenant de l'argent.

Il ne cherchait pas d'argent, pas plus qu'il ne cherchait de testaments, et quand il en trouvait, quand ses collègues en trouvaient chez les oblates ou chez l'habitant, une propriété de

[illegible] par 20 [illegible] Monsieur [illegible] 67 [illegible] partir du premier 50 francs [illegible] pour [illegible] chèque 82 fr. 85, soit au total 6.336 fr. 72 [illegible] par exemple, mais [illegible] qui s'en intéresse [illegible].

Maintenant [illegible]. Il semble que la recette [illegible] simple — le propre camp n'envoye d'argent [illegible] bien [illegible] tout [illegible].

Somme donnée pour la congrégation comme compte en 1888 : 5.000 francs.

[illegible] note.

[illegible] concurrence 5.000 [illegible] pour [illegible] [illegible] de la congrégation.

[illegible] disponible à concurrence de 5.000 francs n'appartient pas à la congrégation.

Somme donnée par Mlle St. Georges 1896 : 1.000 francs.
Somme donnée par [illegible] 1892 : 1.000 francs.

[illegible] dépenses.

[illegible] 5.000 — 2.000 — 10.000 — [illegible]
[illegible] 20.000 [illegible] 10.000 francs.

Soit 100.000 francs [illegible].
[illegible] de la congrégation.

[illegible]

Au mois de novembre 1897, trois des Pères se rendent acquéreurs conjoints et solidaires de deux hôtels sis à Paris, Cours-la-Reine, 22 et 22 *bis*, moyennant le prix — il est intéressant — de 1.276.000 francs, payable en dix ans, et sur le prix non payé, ces messieurs fournissent à 4,75 0/0 d'intérêt du jour de l'entrée en jouissance. J'ai eu le renseignement par l'enregistrement; on m'a signalé le fait après la clôture de l'instruction et je me suis adressé à l'enregistrement. Je communique cette pièce à la défense.

1.276.000 francs, voilà la somme dépensée en 1897. J'entends bien qu'on ne la paiera qu'en dix ans, en fournissant 4,75 d'intérêt, ce qui est un chiffre, vous le reconnaîtrez.

Quant à la Société de Nîmes constituée en 1884, elle a je crois revendu ses immeubles récemment.

Enfin, messieurs, j'arrive à un fait connu, sur lequel je ne veux pas revenir. C'est que de partie de l'instruction, ... l'arrive à la découverte de ce qui ... raison d'ailleurs — la contre-lettre. Nous avons déjà la Congrégation propriétaire par personnes interposées de 1.276.000 francs d'immeubles, 22 et 22 *bis*, Cours-la-Reine.

... ces messieurs sont encore propriétaires de l'immeuble qu'ils occupent, 8, rue François 1er, et cela depuis 1860, date à laquelle M. Baudot de Mauny a acquis l'immeuble pour leur compte et est devenu leur propriétaire apparent par bail. Cette pièce se trouvait dans cette caisse du P. Hippolyte, où il y avait tant de choses et ... comme la bouteille de Robert-Houdin. On a trouvé à côté d'autres choses sur lesquelles ... nous expliquerons le bail de 1897 et la contre-lettre annexée au bail. Cette contre-lettre que vous connaissez ... il n'est cependant pas inutile de vous la faire ...

Je x soussigné déclare formellement que la propriété que ...

messieurs, que c'est généralement le contraire de la vérité qu'ils disent.

Par conséquent, quand ils viennent expliquer en 1899 ou en 1900 que cette propriété achetée pour leur compte et pour sauvegarder leurs droits — car en 1868, sous l'Empire, comme aujourd'hui sous la République, ces messieurs savent très bien que leur œuvre est de celles qui peuvent attirer l'attention des pouvoirs publics — ils ne feront croire à personne que depuis quarante ans, alors qu'ils ont acheté d'autres et si importants immeubles — et vous voyez que malgré l'information, c'est par le plus grand des hasards que nous apprenons qu'ils ont acheté un immeuble qui émane de la succession de Mme Alboni — ils n'ont pas acheté la maison de la rue François-Ier. Je vous ai énuméré, dans mon réquisitoire écrit, les indications que nous avons pu avoir par l'enregistrement et par tous les moyens qui sont à notre disposition. Je mets tout le temps le conditionnel parce que je n'ai pas la preuve dans le dossier et que je n'affirme que ce que je peux établir.

Je vous indique la propriété achetée par les Pères qui ont acquis en leur nom, par les Pères qui n'ont le droit de rien avoir à eux, qui personnellement n'ont pas d'argent. Quand vous leur demanderez tout à l'heure quelle est leur fortune personnelle, d'où elle vient, d'où viennent ces centaines de mille francs avec lesquels ils achètent des immeubles, s'ils ont cette franchise qu'ils revendiquent, ils vous diront qu'ils n'ont rien, que la plupart d'entre eux appartiennent — et certes ce n'est pas moi qui le leur reprocherai — à des familles qui ne sont pas millionnaires, que tout leur argent vient des sources dont vous connaissez une partie, et que vous connaîtrez entièrement tout à l'heure.

Voilà, Messieurs, une Congrégation dont les constitutions ne sont pas approuvées par le Saint-Siège, dont les constitutions n'engagent pas les membres, ce qui fait qu'ils pourront très bien vous dire comme l'un d'eux tout à l'heure : « Je ne fais de la politique que personnellement et comme citoyen, parce que j'ai le droit d'en faire en dehors de la Congrégation. » Nous verrons, en examinant la question de droit, si ce fait tombe ou non sous l'application de la loi.

J'ai été obligé de parler de la Congrégation, puisque c'est le terrain sur lequel on se place. J'arrive, Messieurs, à vous montrer ce que c'est en réalité que cette Congrégation, son œuvre politique, son œuvre électorale ; car, pour eux, la politique se réduit, ils l'ont répondu, à la question électorale et vous allez voir si elle est préparée de main de maître : en effet, à côté du but apparent, *adveniat regnum tuum*, à côté du triomphe de Jésus-Christ, de l'extension de son œuvre dans le monde, il y a une association politique, un but temporel qui est tout autre, poursuivi depuis toujours, et surtout depuis vingt ans, avec une habileté et une maëstria que vous admirerez.

Ils ont une organisation puissante, je vais essayer de vous la faire connaître le plus rapidement possible.

La *Croix* a été fondée en 1883 ; la première partie de leur existence, comme je le disais dans mon réquisitoire écrit, m'échappe.

Les documents qu'on trouve chez eux sont rares ; sur cette partie de leur vie monastique, de leur vie publique et politique, on ne trouve pas grand'chose. En 1880, ils sont expulsés en vertu des décrets, ils rentrent, je crois bien, en 1880 ; dans tous les cas, en 1881, on les retrouve, ils sont rentrés. La Société civile de Nîmes se constitue, et en 1883, en constitue la *Croix*. A côté de la *Croix* de Paris, j'y reviendrai tout à l'heure quand je traiterai la question de l'œuvre de la Presse, près de cent *Croix* régionales sont fondées en province. Pour réunir ces *Croix* entre elles (chaque *Croix* de province, chaque *Croix* de région ayant un comité), pour mettre en relations les divers comités de la *Croix* de Paris et des *Croix* de province, on a créé un journal spécial, non destiné au public, et qui est destiné précisément à ceux qui sont membres des comités des *Croix*, c'est la *Croix des Comités*; il a pour but d'unifier l'action politique que ces journaux doivent poursuivre.

A côté de ce journal et des trente autres organes quotidiens ou hebdomadaires qui sont publiés, — vous verrez cela quand j'arriverai à la question de la presse publiée par la maison de la rue François-1er, — à côté, dis-je, de ces trente organes de publicité politique ou sociale, ou parfois religieuse, vous verrez des comités multiples, des comités d'hommes, des comités de femmes, vous verrez le comité de la *Croix*, — je vais vous en parler — le comité *Justice-Égalité* ou secrétariat *Justice-Égalité*, présidé par le P. Adéodat.

C'est l'œuvre électorale catholique, fondée en 1896 à la suite d'un vœu du comité des *Croix*, tenu à Lyon en 1895. Vous connaissez déjà « l'œuvre de Notre-Dame-du-Salut », qui a un sous-comité, le « comité de Jeanne-d'Arc », le « comité de *l'Ave Maria* », d'autres encore.

Je ne prendrai que les plus importants. C'est l'œuvre électorale dans son ensemble, cette œuvre électorale qui se confond avec le comité *Justice-Égalité*, fondé en 1896, émanation de l'Association — maintenant je ne l'appelle plus congrégation — et à la tête duquel se trouvait le P. Adéodat et son secrétaire, M. Laya.

M. Lévy va nous faire connaître le but de ce comité. Permettez-moi une lecture assez longue; c'est une des plus importantes que j'aurai à vous faire. Je prends cette occasion dans la perquisition de la C-ie, à Moulins. Ce sont des scellés qui ont été faits au cours d'une perquisition au moment du procès de la Haute-Cour. On a trouvé à ce moment un rapport de M. Lévy:

« Monsieur, Le secrétariat d'action électorale catholique Justice-Egalité travaille depuis deux ans à organiser l'œuvre électorale à Paris et dans les départements; et Dieu merci! ses efforts ne sont pas restés vains.

« A Paris, lors des dernières élections municipales, il prépare l'union des groupes catholiques et honnêtes, contribuant ainsi à la réélection de tous les conseillers catholiques sortants. De plus, il a suscité la création d'un certain nombre de comités de quartier. Il continue cette œuvre d'union et d'organisation.

« Dans les départements, soit par des lettres, soit par des circulaires, soit surtout par des visites, il a provoqué la création d'un grand nombre de secrétariats *permanents* qui, à l'exemple de celui de Paris, s'efforcent d'établir l'union entre tous les groupes honnêtes et d'organiser l'œuvre électorale.

« *Qu'entendons-nous par l'œuvre électorale ?* — 1. C'est une œuvre catholique au même titre que l'œuvre de la *Croix* sur laquelle elle s'appuie, que l'œuvre des écoles chrétiennes, que l'œuvre de la propagation de la foi, que l'œuvre de Saint-François de Sales, et que toutes les œuvres créées et soutenues par la générosité chrétienne en vue de la gloire de Dieu, du bien des âmes et du salut de la Patrie.

« 2. C'est une œuvre pratique qui a pour but, soit directement les élections municipales, cantonales, législatives, soit indirectement celles relatives aux chambres de commerce et aux futures chambres d'agriculture.

« 3. L'œuvre électorale veut le groupement permanent dans la proportion de tous les hommes d'ordre dans chaque circonscription électorale et pour la France entière.

Je lis ici, Messieurs, de nombreux extraits, mais c'est capital au procès. C'est extrait du numéro 2 de M. Coenin, page n° 11.

« Rien n'est plus facile que d'organiser un village, un bourg, une ville même, d'après le type que nous allons indiquer.

« I. Comité central. — Il faut, d'abord, qu'au chef-lieu du département, ou mieux encore au chef-lieu d'arrondissement, se réunissent de temps en temps un certain nombre de personnes laïques ou prêtres.

« Comment constituer ce comité ?

« Pour constituer ce comité, il suffit d'un homme d'action et, grâce à Dieu, il s'en trouve encore sur la terre de France.

« Cet homme n'aura qu'à prendre l'initiative d'assembler un beau jour quelques-uns de ses amis, trois, quatre, dix, peu importe, leur nombre grossira bientôt, et après quelque temps, on se trouvera former un groupe important. L'essentiel est de commencer.

« Les congrès régionaux de la Croix peuvent rendre, pour ce point initial de l'organisation, d'inappréciables services.

« c. Rien dès lors de plus facile que de faire sortir d'un congrès de la Croix une organisation complète.

« Le secrétaire. — C'est un organe essentiel, absolument indispensable, c'est la cheville ouvrière, bien souvent un bon secrétaire tient lieu de comité tout entier. Que ce soit un homme instruit, ayant autant que possible fait des études juridiques, actif, débrouillard et surtout de grand bon sens et de grande affabilité. Souvent, ce secrétaire devra être rétribué. »

C'est une des choses que ces messieurs n'aiment pas beaucoup.

« Travaux du comité central. — La réunion d'amis qui le compose va examiner en détail la situation de l'arrondissement ou du département.

« L'un se chargera de trois ou quatre communes, un autre d'une dizaine...

« Chacun se procurera les listes électorales, des communes. »

Vous retrouverez cette idée tout à l'heure que le représentant choisi dans les communes par le monsieur du chef-lieu de canton ou d'arrondissement qu'il connaît personnellement, doit *ignorer* ses relations avec les Pères de l'Assomption. *Ce représentant dans la commune ne saura pas qu'il est le représentant des Assomptionnistes* et que c'est pour eux qu'il prépare la matière électorale. Je reviens à ma lecture :

« Étude des listes électorales. — Afin de fixer les idées de votre correspondant et de l'engager au travail, vous lui remettrez les listes électorales de sa commune, vous lui demanderez d'étudier et de pointer avec soin chaque électeur, d'inscrire en regard de chaque nom une lettre, *b, d, m,* — suivant que l'électeur sera jugé bon, douteux, mauvais... » — « ... réunissez quelques personnes... » — « ... lisez-leur la liste électorale de leur commune en les priant de vous indiquer l'opinion politique de chaque électeur dont vous appellerez le nom. Il arrivera très souvent que tel électeur désigné comme bon par l'un de vos collaborateurs sera jugé comme très mauvais par un autre, tenez-le alors comme douteux, c'est-à-dire comme électeur à travailler sérieusement. »

« Formation de comités locaux.

« Le correspondant ne peut agir seul dans sa commune, il lui faut des collaborateurs... Il prendra des hommes jeunes, actifs, de vingt-cinq à trente-cinq ans de préférence, célibataires si possible, ces derniers ont souvent plus d'activité et plus de liberté que les hommes mariés...

« Organisation des comités communaux.

« Le correspondant tiendra à ses collaborateurs le langage qui lui aura été tenu à lui-même. Il leur demandera de le renseigner sur tout, et il leur donnera à chacun pour mission spéciale de travailler quelques-uns de leurs voisins, parents ou amis...

« ... Le correspondant, au début, surtout, ne sera pas *obligé de dire à ses délégués qu'ils font partie d'une organisation...*

« ... Encore une fois, c'est du bien qu'il faut faire, et *non du bruit...* »

Qui vous oblige à ne pas prévenir l'agent électoral que vous avez choisi, si ce n'est la nécessité de dissimuler à cet agent lui-même qu'il travaille pour votre cause? Vous ne voulez pas qu'il le sache ; et vous le cachez, vous le cachez au correspondant jusqu'au moment où vous en êtes sûr! Et il faut, quand lui-même constitue un comité, il faut encore que les membres de ce comité ignorent qu'ils sont rattachés au comité central de l'œuvre électorale « Justice-Égalité ».

« *Fonctionnement de l'organisation..*

« L'organisation est dès lors complète. Toutes les petites questions seront résolues sur place par le correspondant de commune, celles de plus d'importance seront soumises au membre du comité central qui a charge de cette commune; enfin, les plus graves devront aller jusqu'au secrétariat central...

« *Des conférences...*

« Le comité central doit également disposer d'un certain nombre de conférenciers. Ce sont des jeunes gens, des avocats, des ouvriers intelligents, désireux de se rendre utiles et qui consentent à répondre à l'appel des comités locaux...

« ..| *Travaux des comités...*

« Sur quelles questions doit se porter l'attention du comité central, du secrétaire, des correspondants et de leurs délégués? Notre réponse est simple, elle doit se porter sur tout absolument. Il faut en arriver à constituer une sorte de service complet, *une administration à côté de l'administration, une mairie et une justice de paix à côté de la mairie et de la justice de paix ordinaires...* »

À la bonne heure. C'est bien l'État dans l'État, c'est bien une administration parallèle à celle de l'État, qui n'a qu'un désir, en voir la fin et se substituer à l'autre ; c'est très honnête et cela ne laisse place à aucune espèce d'ambiguïtés.

Je vous l'ai dit tout à l'heure, l'administration est complète : ils ont même pris à l'État la police secrète!

Voilà, Messieurs, l'œuvre des Assomptionnistes.

« *Élections*. — « Arrive enfin le moment d'une élection, c'est alors que nos correspondants, que tous nos comités locaux vont recueillir le fruit de leurs œuvres. » « … chaque correspondant, quelque temps avant les élections, reverra tous ses collaborateurs, soit séparément, soit ensemble. Il est préférable ce jour-là de les voir individuellement, ou seulement deux ou trois à la fois, cela afin d'avoir des renseignements plus précis, et aussi afin de ne pas donner trop l'éveil à nos adversaires qui redoubleraient de surveillance… »

Je vous en lirais encore beaucoup, mais vraiment, j'en ai tant d'autres à faire passer sous vos yeux, que toutes ces choses que je me proposais de lire, vous me permettrez de les passer sous silence.

Voici l'organisation générale, nous allons entrer dans le détail ; je passe à l'application pratique, car tout est étudié avec un soin particulier, d'abord pour tout. Les membres des comités, correspondants qui ne savent même pas pour qui ils travaillent, qui ne sont pas tous instruits, intelligents, qui n'ont pas toutes les vertus d'organisateurs de ce genre, il faut leur mâcher, passez-moi l'expression, la besogne, et on la mâche.

Dans les écoles de la Celle, à Moulins, nous trouvons des questionnaires que l'on adresse à chacun d'eux ; je ne lis pas tout, mais je veux vous indiquer l'esprit de ces questionnaires.

Questionnaire pour les comités

« Quels sont les résultats des élections municipales de mai 1896 ?

« Quelle est la moyenne des voix obtenues par les différents partis en présence ?

pourraient appuyer sa candidature. Sur quels groupements pourriez-vous agir et compter. Syndicats, associations, œuvres, comités.

« Si vous n'avez pas de candidat catholique : 1° Un candidat étranger à la circonscription et catholique, serait-il bien accueilli ? 2° Préférez-vous reporter vos voix sur un modéré qui vous donnerait des garanties suffisantes ? 3° Dans ce cas avez-vous hommes et moyens pour prendre contact avec le candidat modéré ? (Exclure impitoyablement tout candidat qui fera des déclarations en faveur des lois intangibles, c'est-à-dire sectaire). »

Voici encore des documents fort intéressants, relatifs aux élections de 1898.

« Paris, le 2 février 1897.

« Monsieur et cher Collaborateur,

« Quinze mois à peine nous séparent des élections législatives générales. Il n'y a donc plus un instant à perdre. La préoccupation dominante dès maintenant de tous les secrétariats, comités et journaux en relations avec nous doit être, croyons-nous, le choix d'un candidat... »

Plus loin :

« ... Nos amis s'inspireront des circonstances locales et de l'état d'esprit des électeurs pour le choix de ce candidat nettement catholique et fidèle aux directions pontificales dans tous les pays où ce sera possible, ailleurs acceptant tout au moins un minimum de concessions réelles et écrites... »
« Scellé de M. Roy, p. 180. »

Je lis dans le même scellé, p. 183.

« Paris, 10 novembre 1897.

« M...

« Nous vous prions très instamment de vouloir bien assis-

...acts, mais forcément encore et toujours incomplets, confèrent à notre secrétariat central et par suite à nous-mêmes une autorité réelle, une vraie force avec laquelle amis, neutres et adversaires, doivent compter. Déjà les groupes catholiques avec lesquels nous sommes en contact ont dû reconnaître que nos actions sans couleur, les mieux documentées...

« Dans plus d'une centaine de circonscriptions où l'on a pu engager la lutte avec un candidat catholique communionnel, c'est-à-dire (sous quelque enquête que ce soit) acquis aux bonnes lois et aux bonnes mesures de réparation que nous réclamons pour aux idées de justice et d'égalité de réd. la loi. Dans la plupart des autres circonscriptions, nos amis paraissent disposés à appuyer, faute de mieux et pour éviter un pire, le candidat le plus modéré ou le plus libéral, pour peu qu'il accorde aux catholiques un minimum de concessions réelles et tangibles.

« Mais pour imposer ce minimum, pour obliger ensuite à lui tenir sa promesse, il est indispensable que les catholiques aient une force organisée, parlementaire soit-elle, qui puisse parler en leur nom et leur faire bonne contenance, la recombattre, à l'occasion, il faudrait un groupe compact, un candidat dévoué toujours prêt à marcher au besoin... »

« Voici maintenant comment ces congréganistes que je suis obligé d'appeler des « associés » sont mêlés à cette lutte en dehors de leur Congrégation. »

« Dans ...... [illégible]

Voilà ce qu'est, Messieurs, l'œuvre et le journal.

Voyons maintenant cet article « *Veille de bataille* ».

Je vous ai dit tout à l'heure dans un des passages que je lus, qu'on s'occupait de toutes les élections, même de celles du tribunal de commerce ; voici qu'on s'occupe aussi des élections sénatoriales : dans le numéro du 18 octobre 1899 de ce journal, nous trouvons « *Veille de bataille.* »

« Élections sénatoriales par un secrétaire départemental.

« C'est en janvier 1900 qu'auront lieu les élections pour le renouvellement du mandat d'un tiers des sénateurs.

« La série renouvelable est la série C qui comprend tous les départements par ordre alphabétique depuis l'Orne jusqu'à l'Yonne inclus, ainsi que le département d'Oran et l'Inde française, soit en tout 92 sièges…

« Jusqu'ici les catholiques paraissent avoir quelque peu négligé les élections sénatoriales.

« Qu'avions-nous à craindre des vieillards du Luxembourg ? Le Sénat n'était-il pas là pour arrêter les projets et les propositions de loi par trop sectaires qui lui venaient du Palais-Bourbon ? »

Ces Messieurs savent cependant que les vieillards ont beaucoup d'activité politique…

« On se berçait volontiers de cette douce illusion, on vivait de ce préjugé.

« Et, pendant ce temps-là, les mauvaises lois étaient votées quand même, à la Chambre, avec quelque brutalité ; au Sénat avec un peu plus d'hypocrisie.

« Et chaque fois qu'une vacance se produisait, nos adversaires s'efforçaient de s'emparer de la position, et c'était le plus souvent un député, non des meilleurs, qui prenait la place.

« Qu'on y prenne garde.

« Le jour où le suffrage universel, assagi et mieux éclairé, nous donnerait une Chambre des députés modérée, honnête, respectueuse de toutes les libertés, nous serions tout surpris

Comité Jeanne-d'Arc, comité de l' « Ave Maria »

Vous allez voir quel intérêt ces messieurs attachent à la collaboration des dames à l'œuvre électorale, et combien ils raisonnent admirablement, et sagement, et pratiquement [l'influence que les femmes peuvent avoir sur l'électeur] et pourquoi ils ont organisé des comités de dames.

« L'Association de Notre-Dame-du-Salut, fondée immédiatement après la Commune, fut bénie par notre très saint Père le Pape, et enrichie de précieuses indulgences par un bref en date du 15 mai 1872. »

« Organisation. »

« L'Œuvre est à la fois une œuvre générale et une œuvre diocésaine. Œuvre générale : Elle est dirigée par un conseil général qui a son siège à Paris, rue François-[Ier], et par un directeur et un secrétaire général. Elle a une caisse générale dans laquelle viennent se verser toutes les autres caisses [...] considérée comme la caisse de toutes des œuvres [...] Elle doit subvenir à tout ce qu'il faut [...] recevoir. »

Plus loin, nous voyons que deux des principaux [...] tête de cette association.

« Le directeur général de l'Association, P. Picard, des Augustins de l'Assomption. Le secrétaire général, P. Bailly, [des Augustins] de l'Assomption. »

Voilà donc l'organisation de la Ligue de l' « Ave Maria » et du comité Jeanne-d'Arc, dont nous permettre de vous [...] fait dans ces comités de dames : ce sont des créations de Notre-Dame-du-Salut.

« Perquisition Guénin scellé n° [...] »

« La Ligue de l' « Ave Maria » a un premier but : se réunir dans la prière pour obtenir la conversion de la France au [...] Christ; une législation chrétienne, de bonnes élections, le [...] liberté de l'Église, le triomphe de l'Église. »

ou seraient abrogées si les députés catholiques étaient en plus grand nombre.

« Les membres du comité Jeanne-d'Arc veulent prêter à l'œuvre électorale tout le concours que peut donner une femme chrétienne. Le comité Jeanne-d'Arc est l'auxiliaire dévoué du comité Justice-Égalité, qui a créé depuis plusieurs années une organisation électorale déjà très étendue et dont le programme est absolument catholique et conforme aux directions pontificales. Laissant au comité Justice-Égalité l'action politique proprement dite, les dames membres du comité Jeanne-d'Arc l'aideront.

« 1° Par la prière ; 2° par l'action ; 3° par les ressources.

« Par l'action. — Elles étudieront ensemble tout ce qui peut entrer dans le champ de leur activité, spécialement :

« *a*) L'action à exercer par la propagande de la bonne presse. En favorisant la diffusion de la *Croix* et des autres publications catholiques, on arrive très vite à obtenir d'excellents résultats au point de vue catholique et au point de vue électoral.

« *b*) L'action à exercer sur les personnes sur lesquelles elles ont quelque influence, serviteurs, fournisseurs, protégés, etc. Par les femmes du peuple, elles feront pénétrer dans les esprits l'idée du devoir électoral, l'importance du vote conforme à la conscience, etc.

« *c*) L'action à exercer dans les salons. Elles combattront, avec tact et prudence, l'inertie et les préjugés des uns, les vains prétextes et parfois les plaisanteries des autres. C'est là surtout qu'elles travailleront à unir ceux qui sont divisés.

« *d*) Elles useront de leur influence pour que tous ceux qu'elles peuvent atteindre soient à leur poste au moment de la lutte électorale. Elles remettront pour cela tout voyage non nécessaire. »

On entre dans les plus petits détails : au moment de la période électorale, une dame a-t-elle à faire un voyage non nécessaire. Elle y renoncera.

« 3° Par les ressources. — Les élections étant une œuvre

très dispendieuse, au moins jusqu'à l'heure où l'organisation catholique atteindra son plein développement, elles contribueront à susciter des souscriptions et à trouver des ressources pour aider l'action du comité Justice-Égalité.

« Les autres œuvres. — La femme chrétienne a mille secrets pour faire le bien, elle trouvera à s'exercer dans une sphère très vaste... Spécialement à l'intérieur de leur famille, elles développeront l'esprit d'initiative et d'association dans l'éducation des enfants, de telle sorte que tous ceux et toutes celles qui seront un jour susceptibles d'exercer une utile influence apprennent de bonne heure à se dévouer, sans se renfermer dans un individualisme, qui est la cause de notre faiblesse.

« Elles iront au peuple pour l'éclairer et le soutenir, donnant des conseils pour le choix des écoles, pour empêcher la dépopulation des campagnes et l'émigration dans les villes. Elles aideront à démasquer les francs-maçons et les juifs, évitant d'encourager leur commerce au détriment des commerçants catholiques.

« Le comité Jeanne-d'Arc a son siège, 22, Cours-la-Reine. Une lettre de convocation fixe la date des réunions. Ce programme a été adopté à la réunion du 26 avril 1898. »

Voici encore quelques extraits vous montrant avec quel soin on indique à ces dames patronnesses, membres de ces œuvres, ce qu'elles doivent faire au point de vue électoral.

« Réservant aux hommes l'action politique proprement dite, l'Association de Jeanne-d'Arc est composée de femmes acceptant les principes rappelés plus haut et résolues à seconder les efforts du comité « Justice-Égalité », qui est lui-même composé d'hommes se livrant en commun à l'action politique et électorale catholique. »

Perquisition Archer, scellé 1.

« Madame, vous avez eu il y a quelque temps la généreuse pensée d'aider le comité Justice-Égalité dans la lutte électorale.

« En vous exprimant notre reconnaissance, nous avons l'honneur de vous faire connaître le programme de notre comité Jeanne-d'Arc.

« Nous y joignons une feuille de souscription, et nous prenons la liberté de venir vous demander si nous ne pourrions pas compter sur vous comme zélatrice et sur votre précieux concours pour recueillir les adhésions et les fonds auxquels nous faisons appel dans notre région.

« Nous avons la certitude qu'avec l'aide de Dieu et la collaboration de femmes chrétiennes nous pourrons entretenir la caisse électorale indispensable pour continuer la lutte, préparer de bonnes élections, sortir notre malheureux pays de la situation critique dans laquelle il se trouve, organiser des réunions populaires et faire pénétrer de plus en plus dans la masse des travailleurs l'idée juste et élevée qu'il faut avoir du vote selon la conscience. »

Voilà ce qu'on demande aux femmes, et je résume beaucoup. Messieurs, j'avais pris dans les scellés de Bordeaux notamment des pièces nombreuses concernant ces comités, je pourrais vous montrer des paquets de listes comprenant d'abord le nom de tous les membres de ces comités, et les membres de ce qu'on appelle les dizainiers, car on procède toujours par dizainiers; une personne en réunit dix, ces dizainiers sont inscrits sur de petites feuilles bleues, et je n'exagère certainement pas en disant qu'il y en a plus de cent dans un des scellés de Bordeaux, ce qui représente mille dizainières, mille femmes souscrivant, payant, s'intéressant aux élections, et en disant cela je suis au-dessous de la vérité.

A côté de ces comités de femmes, il existe encore des comités d'hommes, mais des comités d'hommes qui se complètent de comités de femmes.

Je vous ai dit tout à l'heure, et c'est très intéressant...

parlant de l'organisation générale, qu'il présidait lui-même, ordre qui avait été posé par le P. Dalezon. Et alors, il écrivait:

« Ce qui m'a frappé surtout aujourd'hui, c'est le tort que j'ai eu de ne pas assez développer le tiers ordre chez les prêtres.

« On pourrait par là arriver aux résultats les plus précieux.

« On relèverait leur esprit sacerdotal, leur piété sacerdotale, *leur promesse* sacerdotale, leur zèle apostolique. On leur persuaderait de devenir [illegible] par des moyens de propagande et par l'organisation des vocations. Une vaste association contre [illegible] aurait une utilité immense, on [illegible] contre les sociétés secrètes [illegible]

« Dans les autres documents, je vois:

« Comment rester dans ce mouvement et quelquefois même le précipiter sans s'exposer à être séduit et entraîné par les idées modernes, et surtout sans compromettre les principes, les formes et les régularités d'une vie vraiment religieuse [illegible]
« Le P. Maximin, sur chargé [illegible] travail sur ce sujet, pour des bases à [illegible]

« Plus loin, Composition des nouveaux comités.

« Ressources des nouveaux comités de Croix:
« Le service de la Croix sera fait dans les kiosques et les librairies par les soins de l'administration du journal. Il est [illegible] divisées en deux: la première acquise au jour [illegible] pour le paiement du port des exemplaires et pour ses frais matériels. Le reste [illegible] à la disposition du comité. Ces ressources, ainsi acquises, pourraient être augmentées par [illegible] collectes et souscriptions des personnes [illegible]

Enfin, Messieurs, une dernière ligue : la Ligue de la Défense sacerdotale, sur laquelle nous ne sommes pas très renseignés ; nous savons cependant que notamment la ligue a pour objet la défense des prêtres qui seraient attaqués, les procès à faire en leur nom.

Je lis (dans les statuts (Archer) :

« Union sacerdotale de défense du diocèse de ...

« Art. 1er. — Sous ce titre, une société particulière composée exclusivement de prêtres, du directeur de ..., s'est formée avec l'agrément de M. l'évêque pour protéger l'honneur du clergé contre les attaques de la presse, contre toutes les diffamations de quelque nature qu'elles soient, et pour défendre ceux de ses membres qui seraient l'objet de poursuites à l'occasion de l'exercice de leur ministère. »

De [...] ligues, il y en a [...] une quarantaine. [...] de ces comités, il y a encore les comités [...], les œuvres de jeunes filles ; il y en a dont je ne me rappelle plus le nom ; quoi qu'il en soit, on les prend à la première communion ; on les prépare à jouer le grand rôle qu'elles sont appelées à jouer comme femmes dans la société ; elles doivent, elles aussi, remplir un rôle, elles doivent amener leur père, leurs frères [...] ou bien. On traite les jeunes filles comme on traite les femmes. Telle est [...] très [...] l'organisation de l'œuvre électorale par ces comités.

J'en aurai terminé, Messieurs, quand j'aurai [...] des réunions annuelles, des congrès de la presse et des chapitres généraux.

J'arrive aux réunions périodiques et aux congrès. D'ailleurs, [...] vous donner que des indications [...] avant d'aller [...] davantage sur la question [...]

presse ; pour le reste, je ne vous donne que des indications.

Ces messieurs organisent des réunions périodiques, non seulement à Paris, mais...

A ce moment on emporte un père malade.

Les Assomptionnistes organisent des réunions périodiques à des dates plus ou moins fixes, non seulement à Paris, mais partout. Cette association en organise sur tous les points du territoire et elle fait une propagande active, surtout précisément par les réunions. Je vais vous indiquer par quelques extraits tirés des documents saisis d'une part, et du journal *la Croix des Comités* d'autre part, quelle est cette organisation.

En ce qui concerne les documents saisis, tout d'abord voici une perquisition faite à la Celle, près de Moulins.

Nous y voyons, à la date du 7 janvier 1899 une lettre adressée par le président d'un comité de Moulins dans laquelle il dit :

« En présence de la situation périlleuse où se trouve la France, le besoin se fait impérieusement sentir de grouper et d'organiser les forces honnêtes du pays, afin d'opposer une barrière à l'envahissement des ennemis de la société. Le patriotisme ne nous permet plus l'hésitation et l'isolement.

« Pour sceller l'union des bons citoyens de notre région et leur procurer cette force de cohésion qui leur a manqué jusqu'à ce jour, nous nous sommes proposé d'adresser un premier appel à quelques-uns d'entre eux parmi les plus dévoués.

« Une réunion, à laquelle sont convoqués un certain nombre d'hommes de bonne volonté du canton ouest de Moulins, doit avoir lieu à Moulins, cours du Théâtre, 14, le 13 janvier courant, à 2 heures.

« Nous vous serions extrêmement reconnaissants de vouloir bien y assister afin de nous aider à jeter les bases d'une organisation dans ce canton.

« Veuillez agréer, etc. »

6 février, un mois après :

« Dans une réunion récente, un certain nombre d'hommes de bonne volonté ont jeté les bases de cette organisation pour le canton de Moulins est. Depuis longtemps déjà, ont pris naissance dans le canton ouest des comités d'action qui ont rendu des services inappréciables lors des dernières élections législatives.

« C'est pourquoi il a été décidé qu'une réunion se tiendrait, à Moulins, le vendredi 10 février, à 2 heures, cours du Théâtre, 14, afin que de nouvelles dispositions soient prises pour rendre plus efficace l'action des comités existants. »

« Moulins, 16 octobre 1899.

« En vertu de la décision des réunions départementales de la Bonne Presse, tenues l'an passé, le comité central a décidé, dans sa dernière séance, de tenir son Congrès de 1899 le jeudi 26 octobre dans la salle ordinaire des œuvres, 28, rue de Bourgogne, à Moulins.

« Notre Congrès du 26 contribuera à nous faire faire un pas de plus dans cette voie, et cette année surtout, dans les circonstances graves que nous traversons, il revêtira une importance exceptionnelle. Aussi nous vous demandons avec insistance, Monsieur, de vouloir bien être des nôtres et, comptant sur votre adhésion, nous vous prions d'agréer l'hommage de nos sentiments les plus dévoués en Notre Seigneur, etc. »

« *Programme* — Disons d'une manière générale que tout ce qui se rapporte à la diffusion de la bonne presse, à l'amélioration de l'Œuvre, à l'organisation des correspondants, aux modes pratiques de propagande, etc., trouvera sa place dans nos discussions, aussi bien que tout ce qui intéresse les œuvres religieuses et sociales de notre région.

« Nous pouvons annoncer dès aujourd'hui la présence à cette réunion de M. Turquel, ancien député, ancien sous-secrétaire d'État, et de M. de Bellomayre, jurisconsulte distingué, d'un délégué de la Patrie française, de Jules Lemaître, etc. »

Perquisition, au mois d'octobre 1898, dans la chambre de M. Druard (P. Ignace) :

« Je vois que la première réunion chez M. Lambert, n'a pas eu de grand succès. Terminez votre œuvre. On vous dira, peut-être, que les directions sont changées. Répondez que non ; certains personnages écrivent même de Rome pour donner une ligne de conduite. Je suis chargé de mettre fin à ces contradictions. Rien n'est changé dans la pensée du Pape. Allez bonnement et vaillamment. A bientôt et tendrement.

« P. Picard. »

« Paris, le 27 juin 1894.

« Mon cher Ami,

« Vous avez appris, par mon itinéraire, que les supérieurs d'alumnats auront, cette année, une réunion à Livry. Cette réunion s'ouvrira le lundi soir 9 juillet, fête de Notre-Dame des Prodiges, et continuera jusqu'au 19, fête de saint Vincent de Paul. Nous nous occuperons surtout des intérêts spirituels et essayerons de fonder la retraite spéciale aux directeurs d'alumnats et aux supérieurs.

« P. Picard. »

« Réunions régionales de la *Croix*.

« Zone de l'est.

« La première visite des délégués de la *Croix* dans tous les départements a démontré l'urgence et l'utilité de réunions régionales multipliant les centres d'activité. Aussi la seconde visite s'étendra à tous les chefs-lieux d'arrondissements ou centres importants.

« Le but de ces visites est triple :

« 1° Demander une croisade de prières pour la France ;

« 2° Activer la propagande de la *Croix* quotidienne ;

« 3° Susciter partout l'organisation de l'action catholique par les comités Justice-Égalité. »

Or, ces visites, elles sont faites par les Pères de l'Assomption.

« La réunion doit être préparée : 1° Par une statistique

qui fasse connaître ce qu'il y a de fait et ce qu'il faut gagner d'urgence ; 2° par une organisation de la *Croix* catholique ; 3° par des invitations et des démarches personnelles qui atteignent tous les hommes de bonne volonté, prêtres ou laïques de la région pour laquelle se tient la réunion. »

Et comme je vous le disais tout à l'heure, Messieurs, les comités des *Croix* ont un journal qui les relie les uns aux autres, leur fait connaître l'état de chacun et unifie leur action ; ce journal paraît une fois par semaine ; on peut dire que dans chaque numéro il indique des réunions de même nature que celles dont je viens de parler.

Je prends le numéro du 27 décembre 1899.

« Aperçu historique de la propagande de la *Croix*, en Flandre, premier et deuxième congrès d'Hazebrouck :

« Un congrès se tint à Hazebrouck sous la présidence de M. Hazard. »

Deuxième congrès d'Hazebrouck :

« L'année suivante, plus de soixante ecclésiastiques se rendaient de nouveau à l'invitation lancée quelques jours auparavant par M. Pétillon... »

De quoi s'occupent-ils ?

On s'occupe de la bonne presse et de l'action électorale :

« Numéro du 5 juillet 1899, annonce une réunion à Versailles.

« Numéro du 12 juillet 1899 : Les congrès en Charente.

« Numéro du 19 juillet 1899 : Encore le congrès en Charente ; congrès de la *Croix* à Angoulême.

« Numéro du 26 juillet 1899 : Encore le congrès en Charente. »

Dans tous les numéros, je ne vous en lirai pas le texte,

mais dans tous les numéros de la *Croix des Comités* vous voyez indiquées, annoncées, des réunions nombreuses, toutes d'un caractère politique ou au moins la plupart ; nous savons d'ailleurs que ces messieurs font de la politique et de la religion d'une façon si mêlée qu'en réalité il est impossible de discerner.

Voilà, Messieurs, l'œuvre électorale dans son ensemble avec le comité Justice-Égalité en tête, le comité des *Croix* et le comité des femmes, Notre-Dame-du-Salut, l'*Ave Maria*, Jeanne-d'Arc et les autres à côté, le tiers ordre des prêtres, à côté aussi ; voilà les réunions organisées ; voilà ce que vous voyez.

Vous allez voir comment cette œuvre électorale — elle est par la voie de la presse encore, et d'une façon plus utile, développée, — vous allez voir quelle force singulière elle puise dans cette organisation de la presse ; quand je vous aurai montré cela, je n'aurai plus qu'un mot à dire des chapitres généraux ; et je vous montrerai les résultats pratiques de cette organisation : vous connaîtrez alors, je le dis dès maintenant, je l'indiquais au début de cet exposé, vous connaîtrez alors les faits que nous reprochons à ces messieurs, les faits que nous leur reprochons en dehors du fait matériel d'être plus de vingt et un ; vous saurez pourquoi nous avons fait ce procès, vous le comprendrez, vous le comprenez peut-être déjà, vous le comprendrez mieux, quand je vous aurai montré le résultat pratique de cette organisation.

L'audience est suspendue à 2 h. 25.

Reprise de l'audience

L'audience est reprise à 3 h. 20.

M. le Président. — La parole est à M. le Procureur de la République.

M. le Procureur de la République. — J'arrive, Messieurs, à une partie de l'exposé qui est la plus importante et j'arrive heureusement presque à la fin. En effet, je n'ai pas procédé précisément chronologiquement lorsque je me suis arrêté à vous démontrer quelle était l'organisation et l'influence de ce que je n'ai pas appelé moi-même l'œuvre électorale catholique du secrétariat du comité de Justice-Égalité, mais de ce qui est bien une œuvre électorale catholique.

Vous savez que le secrétariat *Justice-Égalité* n'a été fondé qu'en 1896. Or, la campagne politique conduite par les prêtres remonte, en réalité, à la création du journal *La Croix*. Le journal a été créé en 1883. La Congrégation a publié par le journal *La Croix*, dont l'importance ne lui échappait pas et ne vous échappe pas davantage, une brochure intitulée :

« *La Croix*, manuel de campagne publié par la maison d'édition de Paris, maison de la Bonne Presse, 8, rue François Ier. »

Cette brochure, qui a au moins cent cinquante pages, serait à vous lire tout entière — nous l'avons trouvée dans la perquisition pratiquée 5, rue Bayard, par M. le commissaire aux délégations — Si je ne craignais tout à la fois de fatiguer le Tribunal et que mes forces ne me permissent pas non plus d'aller jusqu'au bout, je vous demanderais la permission de vous lire la brochure tout entière. Il n'est pas une ligne, il n'est pas un mot qui ne soit à retenir. Ces messieurs, nous l'avez vu, ont la connaissance des choses politiques la plus parfaite, surtout la plus pratique ; ils ne disent pas un mot inutile et tout ce qu'ils écrivent serait à retenir. Cependant, Messieurs, je suis obligé de faire une sélection : ce que je vais vous lire sans commentaires, ce sont des extraits de cette brochure ; vous entendrez cette lecture, la dernière, un peu longue que j'ai à vous faire, et vous comprendrez l'importance qu'il y a lieu d'attacher, que ces messieurs attachent eux-mêmes, à cette entreprise de propagande par la voie de la presse. Je ne fais plus de commentaires, je lis. Page 26 de la brochure :

« Le développement de l'œuvre a nécessité la construction d'une maison de la Bonne Presse, 5, rue Bayard.

« Là sont installés les ateliers de l'imprimerie et les différents services de l'administration et de l'expédition. Toutefois la maison de la rue François-Ier, où se trouvent la rédaction et le secrétariat, reste le centre de l'œuvre.

« Fondée en vue de la diffusion des journaux, revues, livres, encyclopédies, images et toutes les publications destinées à affirmer la vérité, la maison de la Bonne Presse s'agrandit chaque jour et se munit de machines perfectionnées. C'est aujourd'hui l'une des imprimeries les plus importantes de Paris. »

Le seul commentaire sera celui-ci. C'est que ces personnages, innées rares sur lesquels je suis de l'avis de mes adversaires. Ils ont construit des immeubles avec leur argent, avec les ressources que vous connaissez ; ils ont acheté les machines les plus perfectionnées ; ils ont un personnel considérable ; ils ont des ateliers de brocheuses, plieuses, licheuses, qui peut prennent plus de deux cents jeunes filles de quinze à vingt-cinq ans, sous la direction de sœurs oblates et sous la direction encore plus effective de quelques Pères et de quelques frères de l'Assomption. (*Murmures.*) C'est incontestablement une des œuvres les plus importantes, une des entreprises commerciales les plus considérables qui soient à Paris dans cet ordre d'idées.

« La maison de la Bonne Presse compte, au commencement de 1898, comme publications périodiques, les suivantes, qui paraissent séparément ou ensemble : la *Croix*, la *Croix-Supplément*, la *Chronique du Midi*, l'*Album de la Croix*, la *Croix du Dimanche*, le *Laboureur*, la *Croix des Marins*. »

Ici, je m'arrête une seconde. Vous voyez cette énumération des diverses *Croix*. Je dois ajouter que chaque numéro de la *Croix de Paris*, ou pour quelques-uns du moins, paraît en plusieurs éditions : le numéro du 31 décembre 1899 n'en a pas eu moins de trois ou quatre ; je n'ai pas compris pourquoi ces éditions, cependant différentes, dans lesquelles il y a quelques modifications.

« ... Le *Pèlerin*, la *Vie des Saints*, la *Causerie du Dimanche*, la *Croix des Comités*, le *Cosmos*, les *Questions actuelles*, le *Contemporain*, le *Noël*, l'*Œuvre électorale*, le *Petit Journal bleu*, le *Laboureur-Revue*, le *Journal des Abonnés à 15 francs*, le *Bulletin des Congrégations*, le *Bulletin de Notre-Dame-du-Salut*, les *Échos d'Orient*, la *Fraternité*, les *Échos de Notre-Dame de France*, l'*Album de Terre Sainte*, les *Missions*, le *Bulletin des Œuvres de mer*, l'*Almanach du Pèlerin*, *Mon Almanach*. »

Un mot sur une de ces publications. La *Croix des comités* s'adresse aux seuls comités ; je vous le disais dans la première partie de mon exposé et je voyais des dénégations sur le banc des prévenus. C'est là que j'en avais trouvé l'affirmation.

« La *Croix des comités* s'adresse aux seuls comités. Elle publie des renseignements, documents et communications divers relatifs à la diffusion de l'œuvre. L'œuvre électorale mensuelle, organisée par le secrétariat du comité de Justice-

Égalité, traite toutes les questions pratiques : l'organisation permanente des catholiques en vue des élections. »

« Outre des publications périodiques, la maison de la Bonne Presse travaille pour aider tous les genres de propagande de la vérité chrétienne et historique : livres, images, brochures, etc. ; nous renvoyons pour tout cela à un catalogue général de la maison, envoyé à toute personne qui en fait la demande. »

C'est le commerce et la réclame à côté.

À la brève esquisse précédente. »

On est à la trente-deuxième page de la brochure, quand on parle de la brève esquisse précédente.

« À la brève esquisse précédente sur nos publications, il faut ajouter quelques chiffres pour donner une idée de l'importance prise par la presse populaire catholique, grâce aux efforts de tous. »

« Chaque semaine, il sort plus de deux millions et demi de publications diverses, de la maison de la Bonne Presse. C'est au bout de l'année un chiffre supérieur à cent trente millions de feuilles semées dans toute la France, pour y porter la bonne nouvelle du Christ et mener le combat contre l'oppression sectaire. »

« Nous appelons comité de La Croix toute personne ou groupe de personnes qui s'occupent d'une manière effective de la diffusion de *La Croix* et de ses publications annexes, quel que soit le nombre des journaux distribués, qui acceptent le principe catholique de l'Œuvre et adoptent le programme de la Ligue de l'*Ave Maria*. Quand le comité a terminé la période d'essai il est déclaré en réunion du secrétariat général de l'Œuvre.

« Tout comité, alors même qu'il est simplement en formation, jouit de toutes les prières qui se font pour l'Œuvre de la Bonne Presse, ainsi que de tous les autres biens spirituels qui lui sont accordés.

« Les comités s'obligent à faire dire chaque année pour l'Œuvre, au moins une messe. Ils (faudra) doivent (aussi...)

membres du comité et autant que possible les lecteurs. Les
comités s'engagent à faire des efforts pour être représentés
à la réunion générale des comités qui se tient à Paris. Dès
que le comité est déclaré agrégé, il est débité d'un abonnement
à la *Croix* des comités.

« Chargée pour lui sans doute ! (trois francs).

« D'autre part, ces 3 francs sont une aumône qui aide
l'œuvre à céder les publications au prix le plus minime aux
comités, qui seuls ont le droit de recevoir la *Croix* à un
centime ;

« La meilleure propagande est de montrer le journal à tous
les habitants de la localité. Pour cela, demander à l'administration un colis de *Croix*, de façon à pouvoir en faire distri-
buer dans chaque famille. Au besoin, si la ville est grande, la
diviser en plusieurs tronçons qu'on attaquera successivement
afin de suivre la distribution de très près.

« Grâce à ce système bien organisé, on inonde la localité
de *Croix*, et dès le deuxième ou le troisième jour, ou même
dès le premier jour pour la *Croix du Dimanche*, on fait
passer un propagateur intelligent, habile, conciliant, pour pro-
poser l'abonnement. L'idéal est le chevalier de la Croix dont
nous parlerons plus loin.

« Autre moyen : Pour la *Croix du Dimanche* ou le *Pèlerin*, la vente à la porte des églises peut réussir en beaucoup
de paroisses où on fréquente bien les offices ; ne pas négliger
aussi la vente les jours de marché, de foire, de pèlerinage ou
de réunion publique, à la porte des lieux d'assemblée.

« A la tête de l'Association se trouve un bureau renouvelable tous les deux ans, composé de quatre membres élus au
scrutin secret en assemblée générale. De plus, l'Association
peut admettre dans son sein des membres honoraires qui appor-
teraient avec leur concours pécuniaire, l'appui de leur autorité et de leurs encouragements.

« Toutes les réunions du bureau ont lieu sous la direction
de l'aumônier. »

C'est une des associations dont je ne vous avais pas encore
parlé, celle des chevaliers de la Croix.

« L'admission est de trois degrés. Le candidat entrera d'abord faire comme simple zélateur, un engagement de trois mois pendant lequel il devra donner des preuves de ses capacités et de son mérite. Après cette première épreuve, le conseil, s'il le juge digne, lui confère le titre de postulant. Pour mériter le titre de chevalier de la Croix, le postulant devra subir une nouvelle épreuve de trois mois, passé ce délai, le conseil statuera et prononcera, s'il y a lieu, l'admission dans l'association par voie de scrutin secret et à la majorité des membres réunis en assemblée plénière pour la circonstance.

« Nul ne peut être admis s'il n'est âgé de dix-huit ans. Néanmoins, le conseil aura le droit, le cas échéant, d'autoriser et de recevoir un zélateur moins âgé, s'il l'en juge digne, pourvu que le candidat remplisse les autres conditions requises. Toutefois, l'admission [illegible] le conseil qui peut prononcer l'exclusion ou l'application d'une amende en cas de faute [illegible]. »

Vous allez voir comme c'est intéressant pour le pauvre garçon à qui l'on propose cette haute dignité :

« Le nouveau chevalier est vivement engagé, la veille du jour où il doit faire son entrée dans l'association, à prendre part à une adoration nocturne. Le matin du jour de sa communion, il assiste à la messe et s'approche de la sainte Table. Après l'évangile, l'allocution est faite, à laquelle le postulant à genoux devant l'autel, en présence du drapeau de l'association, reçoit l'insigne de la main du célébrant. Après avoir prononcé la formule de consécration suivante [illegible] il déclare devant Dieu adhérer aux règlements de la société des chevaliers de la Croix et en [illegible] et remplir fidèlement les obligations. Aussitôt après les dernières prières de la messe, chaque chevalier devant s'acheminer [illegible] garçon qui reçoit alors [illegible].

« Le chevalier doit s'informer des circonstances pour employer les aumônes voulues pour [illegible] et il percevra les petits [illegible] du beau temps [illegible] il l'apprendra aux enfants.

montrera aux parents qui ont été élevés chrétiennement l'u
lité qu'il y a de donner la même éducation à leurs enfants
de les préserver des mauvaises lectures... Il fera valoir
bon marché du journal, sa sûreté d'information ; la *Croix*
débite pas de mensonges comme une quantité de mauv
journaux. »

A côté des chevaliers de la Croix, le petit vendeur :

« Choisissez comme vendeur un jeune garçon de dix
quinze ans, dégourdi, bien déluré... Le petit garçon est pr
férable parce qu'il a un toupet qui, malheureusement, disp
rait quelquefois avec l'âge ; il aborde plus hardiment la clie
tèle, la harcèle, va dans les maisons particulières et jusq
dans les cabarets où ses obsessions finissent souvent par arr
cher leur sou aux buveurs attablés... Que si les enfan
hésitent à commencer par respect humain, confiez pour
première fois la vente à plusieurs enfants réunis. Ils se se
tiront plus forts et auront plus de courage pour commencer.

Page 147. J'arrive à la fin des citations que je vous fais
cette brochure.

« En 1896, pour répondre au vœu émis par le Congr
général de la *Croix* tenu en septembre 1895, a été fond
l'œuvre électorale, œuvre capitale, car si la France n'av
pas de mauvais députés, elle n'aurait pas ces lois détestable
lois militaires, lois scolaires, lois d'abonnement (paroles
Léon XIII à M. Harmel). Un comité créé à l'occasion des éle
tions municipales, 8, rue François-Ier, sous le titre de Comi
Justice-Égalité, pour promouvoir une action électorale cath
lique, a vu ses efforts très bien accueillis par tous les group
à tendance catholique ou antisectaire.

« Une première souscription électorale publiée dans l
colonnes de la *Croix* est ouverte au siège du comité pour su
venir aux frais de propagande et pour susciter de bons ca
didats.

« L'œuvre électorale n'est qu'à ses débuts ; beaucoup

catholiques n'en comprennent pas encore l'importance ; les amis de la *Croix* s'y dévoueront, car il s'agit de triompher des mécréants comme les croisés du moyen âge triomphèrent des musulmans.

« Le secrétariat du comité d'action électorale Justice-Égalité, 8, rue François-Ier, est ouvert tous les jours, le matin, de huit heures et demie à onze heures, le soir, de deux à cinq heures. Il sollicite des adhésions et des souscriptions en prières et en argent. Il provoque la création de secrétariats ou comités là où ils n'existent pas. Il se tient à la disposition de toutes les organisations existantes, quelle que soit leur étiquette, pour les renseigner et les aider dans toute la mesure de ses forces.

« Il répond à toutes les demandes de renseignements juridiques et autres, concernant le mouvement électoral et les questions de propagande catholique. Il s'efforce de centraliser les renseignements relatifs au résultat des élections, aux antécédents, détails biographiques et votes principaux des députés. Prière de lui envoyer renseignements et documents à ce sujet. Il publie des brochures bon marché relatives au travail capital de la révision des listes électorales, aux moyens pratiques de s'organiser et d'agir.

« Le comité Justice-Égalité a enfin pour organe le *Bulletin de l'œuvre électorale hebdomadaire* (un an, 3 francs), qui tient au courant du mouvement électoral et fournit des exemples pratiques. Pour souscriptions, abonnements et renseignements, s'adresser au secrétariat, 8, rue François-Ier. »

Telle est, Messieurs, très résumée, vous le voyez, l'œuvre de la *Croix*. Je dis très résumée parce que, si la brochure est longue, je n'en ai extrait que quelques passages, qui suffisent d'ailleurs pour vous en donner une physionomie exacte. Tout cela, la *Croix*, le *Journal de la Croix*, le *Supplément du Dimanche*, etc., tout cela, comme la brochure l'indique, est très répandu. On force la main aux acquéreurs ; on va plus loin, on le donne. Vous verrez tout à l'heure, dans un

passage du journal la Croix lui-même, comment on in[cite]
l'indifférent, ou même celui qui se rebelle à l'idée de l'acc[ep]
ter, comment on l'incite à le prendre et à le lire.

Enfin, Messieurs, à l'aide de conférences comme celles p[ro]
noncées par l'abbé Charles, à Moulins, en 1897 et 1898,
a fait autour de la Croix une très grande propagande.

Il n'y a pas que la Croix de Paris, il y a les Croix [de]
province ; elles sont faites dans le même esprit, sur le mê[me]
modèle, et vous allez voir, à propos des Croix de provin[ce]
quelles sont les indications que l'on donne pour l'organisat[ion]
d'un journal catholique et comment les prévenus comprenn[ent]
la rédaction et l'administration d'un journal.

« Perquisition à Bordeaux, chambre de M. Laverd[...]
(P. Xavier) — Fondation et organisation d'un journal à B[or]
deaux. »

On indique ce que le journal doit faire [...]
passe et j'arrive à la rédaction. Je vous recommande ce p[as]
sage, il est particulièrement intéressant.

« Il faut :
« Un rédacteur en chef, faisant chaque jour le prem[ier]
article de fond, dans lequel le principe direct[eur]
domine et plane avec une irréductible intransigeance qui a[ffi]
rme, sans cesse, le devoir souverain et duquel sont bann[is]
les apparences mêmes de la plaisanterie. »

Ces messieurs ne résistent pas quelquefois devant une [plai]
santerie.

« Un rédacteur parlementaire... (Je recommande cela [à]
tous les rédacteurs parlementaires)... spécialité à réserver [si]
possible à un ancien membre de l'une ou l'autre chambre [...]
rompu par conséquent avec les mille chinoiseries des [...]

bées délibérantes ; rompu de même à une certaine élasti-
cité de discussion bien nécessaire pour paraître approuver aujourd'hui tel homme ou tel incident que l'on a pu se croire
obligé de blâmer hier et... se réserver un terrain de retraite.
Le même rédacteur, au début, peut assumer, judicieusement
choisi, ces deux tâches. »

Je passe et j'arrive aux correspondants régionaux.

« Ils sont recrutés, autant que possible, à raison de un par
commune. Chacun d'eux doit signaler, par lettre ou par télé-
gramme, selon le caractère ou le degré d'urgence qu'il présente, tout fait local venu à sa connaissance et de nature à
intéresser le journal.

« Ce personnel de correspondants peut être érigé en une
puissante organisation dont la tête est la direction. La hié-
rarchie s'établit du chef-lieu à l'arrondissement, puis au canton,
pour finir à la commune. C'est alors un groupement presque
formidable de forces... »

Je ne le leur fais pas dire.

« ... Agissant sous l'impulsion d'une seule pensée et capable de modifier profondément l'état d'esprit de toute une
région par son action lente mais ferme, infiniment divisée
mais une. »

Puis le couplet indispensable sur le gérant que vous connaissez à la neuvième Chambre :

« Un gérant, signataire du journal, responsable devant la
loi, n'intervenant jamais activement dans les travaux ; par conséquent un homme de paille, un prête-nom à gages. »

Voilà, Messieurs, la théorie générale sur l'organisation d'un
bon journal !

Comment donc la propagande se fera-t-elle ? Je viens de
vous indiquer qu'on la fait par les chevaliers de la Croix et
par les petits vendeurs de quinze ans qui, à raison de leur

toupet particulier, sont d'excellents agents. Voici un moyen de propagande qu'on a proposé, paraît-il, de Nîmes à la Croix des Comités :

Le 12 juillet 1899, la *Croix* des Comités indique quel est le procédé ; elle se l'approprie, elle le trouve excellent :

« Moyen de propagande très pratique. — On nous écrit de Nîmes :

« Acheter le plus possible de numéros de la *Croix*.

« Les laisser l'un après l'autre sans en avoir l'air, sur des bancs, sur des parapets, au pied d'un arbre des promenades publiques, sur les banquettes des gares ou des wagons, sur les tables de cafés.

« Croyez-moi ! dans un rien de temps, vos journaux sont enlevés et... lus.

« Lus par ceux qui en ont besoin, lus par ceux qu'il faut ramener !

« Ne nous contentons pas d'enfoncer les portes ouvertes et de prêcher à des convertis. Pénétrons les masses indifférentes ou égarées.

« Les vacances sont un excellent moment pour ces manœuvres de tirailleurs, à cause des déplacements nombreux de tous. »

On ne recule devant aucun petit procédé.

Je crois vous avoir dit à un moment donné, à propos des secrétaires des comités qu'il faudrait peut-être rétribuer, que ces messieurs aiment mieux ne pas les payer. Quand il s'agit de recevoir de l'argent sous quelque forme que ce soit, ils ont la main largement ouverte ; quand il s'agit de donner, ils préfèrent s'abstenir. Ainsi pour la rédaction d'un journal, il n'est pas mauvais de trouver des rédacteurs qu'on ne paye pas. Voulez-vous me permettre de vous montrer là-dessus leur opinion ? Ce sont eux qui vont nous la dire. Voici une lettre du P. Picard ; elle est

adressée à un Père d'Arras, elle a été trouvée dans l'établissement de cette ville.

« MON CHER AMI,

« L'œuvre de presse est toujours une œuvre difficile. Ne
vous tourmentez donc pas des attaques qu'elle vous suscite.
Je ne crois pas que vous ayez des rédacteurs plus capables
parce que vous leur donnerez une petite rétribution. Mais je
trouve tout naturel que M. Dahten désire l'*Officiel*, si vous
voulez qu'il suive attentivement les faits et gestes de nos députés ou autres employés du département. Si vous jugez utile
d'intéresser un peu un de ces jeunes gens, faites pour le
mieux.

« La question d'imprimerie a toujours été fort délicate à
Arras. Si des hommes comme M. de Potter vous engagent à
changer, leur conseil mérite considération.

« Néanmoins, je vous engage à faire prendre une décision
par votre comité afin que l'odieux ne retombe pas sur vous
seul. »

Il s'agit de faire à Lyon une *Croix* régionale. Lettre du
P. Bailly trouvée dans la perquisition de Grenoble :

« Il s'agit de faire à Lyon une *Croix* régionale, comme
celle du Nord, ruine de celle de Paris forcément, et rédigée
sous notre direction avec l'argent d'un groupe qui ne veut
financer que si nous acceptons la direction morale, intellectuelle
et politique.

« Nous avons pensé à Mortcat, bon chrétien, venu d'Euille,
avec Monthon et Hennelin pour secrétaire de rédaction ; car
on ne peut penser à obtenir du cardinal Coullié l'entrée de
la congrégation dans Lyon. »

Voilà, Messieurs, comment et avec quel argent on veut
payer.

Voulez-vous me permettre de vous donner un exemple main

tenant de la rédaction, et j'aurai terminé à peu près avec la
Croix, car enfin, demain, dans mon réquisitoire, j'aurai
m'expliquer sur la prévention elle-même.

Je tenais à dire à ces messieurs que je les poursuis pour
être occupés de politique, de littérature et d'autres choses
encore, comme le prévoit l'article 291, qui sont laissées
à l'appréciation du tribunal. Cet « et autres » est relevé dans
mon assignation, avec une certaine ironie, et en caractères
gras, dans un numéro de la *Croix*. C'est la reproduction
textuelle de l'article 291.

Messieurs, la *Croix* publie des articles : elle n'est faite que
pour cela. Je n'ai voulu prendre, moi, qu'un exemple de sa
littérature. Celui-là, je l'ai choisi, vous le penserez avec moi.
Je veux bien croire qu'il y en a d'autres. Vous allez voir,
Messieurs, quelle est la charité chrétienne des membres de la
Congrégation de l'Assomption.

Vous allez voir en même temps (je vous l'ai dit tout
à l'heure en vous lisant ces recommandations faites pour Bordeaux et la création d'un journal) que ces messieurs ne
craignent pas la note un peu gaie — j'ose dire qu'ils vont plus
loin, ils ne craignent pas la note gauloise, je pourrais dire la
note grivoise. Et vous, qui jugez quelquefois des affaires
d'outrages aux mœurs par la voie de la presse, vous vous
demanderez peut-être comment le parquet ne vous a pas
déféré la chose que je vais dire sans y mettre d'air. Et cela
c'est l'air militaire de la chanson de la *Casquette du père
Bugeaud*, la chanson est aussi militaire que l'air. (Numéro
du 26 août 1899.)

M. LE PRÉSIDENT. — Pas de manifestation... Faites sortir immédiatement les personnes qui manifestent, avocats ou autres.

M. LE PROCUREUR DE LA RÉPUBLIQUE. — J'aurais cru de leur part à un mouvement de regret ; je suis heureux de les voir sourire. Je continue. Plus que deux couplets :

> Bref, après tant de souffrance,
> L'avocat est revenu
> Prendre sa place à l'audience
> En gardant sa balle dans le... dos.

> Il a fait une belle harangue,
> Son bagout a reparu,
> Y a rien qui délie la langue
> Comme d'avoir une balle dans... l'dos.

J'ai lu attentivement parce que je craignais que la rime ne m'empêchât de retrouver le mot écrit en italiques à la fin de chaque couplet.

Cela, c'est de la littérature assomptionniste.

LE P. BAILLY. — C'est de la *Libre Parole* !

M. LE PROCUREUR DE LA RÉPUBLIQUE. — Peu m'importe ! Vous vous expliquerez avec M. Drumont ; c'est publié dans a *Croix*. C'est composé, c'est cliché, c'est broché par les 212 jeunes filles sous la direction des sœurs oblates.

LE P. BAILLY. — Il s'agit d'un exposé de M. le Procureur de la République, il ne s'agit pas d'un premier réquisitoire.

Me BAZIRE. — Voulez-vous me permettre de lire les trois lignes dans Faustin Hélie ?

« Le vœu de la loi est rempli par la simple énonciation des faits incriminés... »

Voix dans l'auditoire. — Très bien !

M. LE PRÉSIDENT. — Il n'est pas possible que le débat se continue dans ces conditious.

M. LE PROCUREUR DE LA RÉPUBLIQUE. — D'autant plus que demain j'ai l'intention, en faisant l'exposé complet aujourd'hui, de ne parler que de la question de droit, par conséquent, que mon exposé soit fait maintenant ou demain, vous auriez retrouvé cette lecture à la même place.

Littérature donc de la *Libre Parole* (cela ne m'étonne qu'à moitié), reprise par les RR. PP. de l'Assomption pour une clientèle spéciale.

Et je crois que la *Libre Parole* est composée par des hommes ; alors que cette chanson militaire a été composée, clichée, pliée par des jeunes filles, sous la surveillance de sœurs et qu'elle est destinée à la clientèle de Notre-Dame-du-Salut, de Jeanne-d'Arc...

Je suis au-dessus des discussions qui ont eu lieu à propos de l'affaire Dreyfus. Mais j'avais pensé à rappeler ici une parole de M. Chaix d'Est Ange qui avait à défendre, lui aussi un homme contre lequel les passions publiques étaient soulevées. Il faisait dans cette affaire cette magnifique description que personne n'a oubliée du rôle de l'avocat qui se place près de celui contre qui les passions sont déchaînées et essaie de le défendre, comme il le dit, jusqu'au pied de l'échafaud. Je n'ai pas besoin de le faire ; ces messieurs, comme pour souligner l'inconvenance du procédé, écrivent eux-mêmes ce qui est dans la pensée de tous :

« Nul n'est moins que nous disposé à contester l'étendue

des droits du défenseur de l'accusé. Nous les voudrions plus larges encore.

« Seul contre la société formidablement armée, l'accusé pour adversaire a sa place sur laquelle il entre deux gendarmes, le magistrat qui l'accuse siégeant au-dessus de lui, tout près des juges ; il a jusqu'à la majesté de l'audience dont les appareils lui sont contraires. Il n'a pour lui que l'avocat, pour lui au service de sa cause, son expérience, sa science et son dévouement. »

En bref, M. Labori était signalé à ces messieurs précisément par le dévouement qu'à tort ou à raison (je ne juge pas) il apportait à la défense d'une cause dans laquelle l'accusé était lui aussi, comme le client de Me Thaix d'Est-Ange, l'objet d'une réprobation sinon nationale, du moins considérable.

M. P. SAUCKAN. — Alors, c'est pour avoir attaqué M. Labori qu'on [illegible] vous nous poursuivez.

M. LE PROCUREUR DE LA RÉPUBLIQUE. — Les incidents pour ces messieurs et pour le procès [illegible]

J'ajoute, parce que je dois le dire, ainsi que cette publication comme d'autres est faite dans un journal qui a pour [illegible] attaque [illegible] la Croix, qui a non seulement en vignette une croix [illegible] qui [illegible] [illegible] sur cette croix le grand [illegible] [illegible] commencement de l'ère chrétienne, l'or qui [illegible] [illegible] [illegible] marchand du Temple [illegible] [illegible] toute une [illegible] [illegible] son image de [illegible] [illegible] qu'il y avait l'homme [illegible] descendre de la croix pour chasser les nouveaux les marchands du Temple.

[illegible]

geant. Le chapitre a un supérieur à sa tête ayant le suprêm[e]
pouvoir. Voici, Messieurs, la citation que je veux faire, et j[e]
ne m'arrêterai pas davantage sur ce côté de la question. C'es[t]
dans les perquisitions de Nîmes qu'a été trouvé d'abord c[e]
rapport présenté par le R. P. Picard, supérieur général d[e]
l'Association, à l'ouverture du chapitre général tenu à Livry[.]
Je ne veux pas vous lire tout cela ; je ne prends que le[s]
choses les plus importantes.

« Quoi qu'il en soit, occupons-nous aujourd'hui de no[s]
constitutions et prouvons que nos lenteurs à les présenter [à]
l'approbation n'étaient point inspirées par le désir d'éluder le[s]
règles et les traditions actuelles des congrégations romaines[,]
mais par cet esprit de franchise qui ne forge pas des chaînes
qu'il ne voudrait pas porter, et par cette sagesse légitime qu[i]
respecte ses chefs et ne présente à leur approbation que des
règles inspirées par l'amour de l'œuvre et confirmées pa[r]
l'expérience...

« Relisons ensemble nos constitutions et arrêtons le texte
que nous voulons présenter au Saint-Père...

Page 6 :

« ... C'est le travail le plus important et si nous différion[s]
de l'accomplir, nous risquerions de donner gain de cause [à]
ceux qui cherchent déjà à nous présenter comme des demi-
insurgés assez habiles pour ne pas désobéir, assez habile[s]
en même temps pour éviter d'obéir. »

Écoutez comme ils en ont envie, de l'approbation du Saint-
Siège !

« ... Rappelons-nous que les constitutions ne sont point
rédigées en vue d'une approbation future, mais en vue du bien
général de la congrégation qu'elles doivent régir.

« Elles ont pour but d'établir la vie et la forme de l'institut, de favoriser son esprit, de maintenir et de développer ses œuvres, de caractériser son action et d'assurer son avenir... »

Page 7 :

« Le P. d'Alezon poursuivait un double but : créer dans la congrégation, pour la gouverner, une élite de science et de vertu et constituer un gouvernement fort, capable de résister aux idées modernes. Ses pensées sont les nôtres et ses désirs seront toujours pour nous des ordres ; il a été et reste notre maître.

« ... Le chapitre donne plein pouvoir au supérieur général pour présenter les constitutions au Saint-Siège ; mais il tient à ce que soient maintenues l'unité dans l'autorité, la force et la durée du supérieur général ; en un mot, cette énergie du gouvernement, absolument nécessaire au bien de nos œuvres dans les temps actuels. »

Je crois, Messieurs, que présenter au Saint-Siège des constitutions rédigées dans cette esprit, c'est autant demander de ne pas accorder l'approbation. Cela explique pourquoi depuis cinquante ans les prévenus ne l'ont pas obtenue.

« L'Association de Notre-Dame-du-Salut poursuit son action sociale et surnaturelle. La fraternité du Salut s'y développe avec toutes les œuvres des Petites-Sœurs.

« Le tiers ordre de femmes... »

Je vous ai déjà montré le tiers ordre des prêtres et le tiers ordre des laïques hommes :

« Le tiers ordre de femmes, fondé par notre Père, s'y maintient et depuis quelque temps nos amis nous demandent de les grouper en un tiers ordre ou association plus vaste, qui leur permette de marcher à l'ennemi comme une véritable armée. »

Je passe des choses bien intéressantes. J'arrive à celles que j'ai relevées dans mon réquisitoire définitif. C'est une question d'argent : elle est intéressante pour la discussion, à laquelle je me livrerai en quelques mots, des conclusions incidentes et exceptionnelles :

« Dépenses nécessaires. — Arrivons aux chiffres que je connais :

« La mission a coûté : 974.903 francs.

« Les maisons de France ont coûté 1.594.773 francs.

« Et dire que nous n'avons rien, absolument rien pour répondre à de pareils besoins ! Pas de rentes, pas de fondations, pas de dot : Comme les oiseaux du ciel, nos enfants attendent tous les jours la becquée et leur père, toujours magnifique, leur envoie chaque jour le pain indispensable.

« Quelques esprits chagrins ont tenté d'établir que les pèlerinages, les œuvres, la presse étaient pour nous des sources de richesses ; vous pouvez leur répondre que ces œuvres sont pour nous des sources de travaux, de fatigues, de consolations ; qu'elles absorbent votre temps et nos sujets, mais ne laissent rien dans la caisse de la Congrégation. Pour vous armer contre ces malveillances, je vous donne les dépenses de ces principales œuvres pendant les six années qui viennent de s'écouler :

Pèlerinage de Jérusalem . . .	3.300.000
Notre Dame du Salut	212.798
Vœu National	94.000
Pèlerinages de Lourdes . . .	2.500.000

« Cela fait plus de 8.600.000 francs.

« Je ne parle pas des développements que Notre-Seigneur accorde aux Petites Sœurs et aux Oblates de l'Assomption. Celui qui accroît le nombre de nos chères filles, leur donne aussi maisons et nourriture.

« Quelles sommes énormes dépensées chaque année ! »

Nous sommes d'accord : Quelles sommes énormes dépensées chaque année !

« Je place la maison de la Bonne Presse à la queue parce

qu'on fait. C'est le chapitre directeur, il a à sa tête le R. P. Picard avec un pouvoir absolu.

Mais enfin, il a un conseil éclairé, il a des confidents, le chapitre, et cela dans son sein. Quand on ne pense pas que ce sera un jour signalé en police correctionnelle, on constate avec orgueil les sommes énormes qu'on dépense chaque année, avec rien pour se procurer les ressources nécessaires à ces extraordinaires dépenses.

Enfin, voulez-vous voir en 1898 les décisions prises ?

« Décisions prises par le chapitre général tenu à Livry, du 1er au 6 août 1898. »

Tous les six ans, il s'agit de présenter les constitutions au Saint-Siège, qui se montre de plus en plus rebelle :

« Le chapitre confirme les pleins pouvoirs donnés au supérieur général pour présenter les constitutions au Saint-Siège, mais il tient à ce que soient maintenues l'unité dans l'autorité, la force et la durée du supérieur général, en un mot cette énergie du gouvernement absolument nécessaire au bien de nos œuvres dans les temps actuels. »

Puis plus loin, il indique comment se fait la censure des écrits, et vous savez ce qu'elle produit, cette censure : on ne censure pas, on ne supprime pas la chanson que je vous ai lue. Rien à corriger dans les chansons grivoises !

« La censure de toutes les œuvres destinées à la publicité est établie par le chapitre général dans la forme suivante :

« Chaque maison d'études aura un comité de rédaction ; ce comité prendra connaissance des articles destinés à la publicité, donnera son avis et proposera des corrections s'il y a lieu.

« L'écrivain se rendra docilement aux observations qui lui

Le résultat électoral, Messieurs, vous allez le voir. Le pacte de Bordeaux, par exemple. Ces messieurs vont vous dire que c'est un résultat qu'ils ont acquis.

Lisons l'*Œuvre électorale* du mercredi 8 octobre 1899 faisant à Bordeaux :

« La municipalité libérale de Bordeaux, issue du fameux pacte dont le triomphe fit tant de bruit il y a trois ans, vient d'avoir à repousser un furieux assaut de ses adversaires.

« À force d'intrigues et de compromissions louches, le clan sectaire et dreyfusard de la *Petite Gironde*, si bien étrillé en 1896 et en 1898, a réussi à détacher un certain nombre de conseillers et à les faire manquer à tous leurs engagements.

« Pendant l'absence de plusieurs de leurs collègues, ces conseillers enlevèrent même par surprise (à une voix de majorité) un vote refusant pour l'exercice courant les crédits précédemment alloués à la rentrée des écoles laïques.

« La joie de la *Gironde* aura été de courte durée. À la séance suivante, les conseillers fidèles à la parole donnée et à leur tête, le maire, M. Cousteau, et les principaux adjoints, MM. Peyjaureau, Péria, Saint-Marc, ont rétabli les crédits à une forte majorité. »

Voilà le résultat.

Il y a des modes à retenir, de cela par exemple, la type électorale, par M. Maurice des Aubrys ? »

Savez-vous ce qu'il faut faire et ce qui nous aurorsad beaucoup d'ici les élections ?

« Diviser les adversaires. Et pour cela reproduire au moyen bien connu qu'on appelle le jeu des listes, c'est-à-dire tâcher d'obtenir aux suffrages autant de listes qu'il y a de groupes dans le camp opposé, au lieu de laisser toutes ces fractions se concentrer sur une seule liste ? »

Vous paraissez croire qu'on vous tend des pièges. (*Bruit dans la salle*.) Permettez, je ne me laisserai pas interrompre et j'irai jusqu'au bout de ce que j'ai à dire. Je vous ai dit que je faisais un exposé général ayant pour but de donner, non pas seulement aux avocats qui, seuls, auraient répondu à un réquisitoire, mais aux prévenus qui n'ont pas voulu répondre à l'instruction, l'occasion de répondre aux griefs que j'ai relevés contre eux. Quand vous aurez établi que deux ou trois pièces que je cite, comme celle que je viens de lire, ne sortent pas de vos presses, vous triompherez, mais il n'y a pas de piège qui vous soit tendu et il n'était pas possible (vous le démontrez par vos interruptions) de procéder d'une façon plus loyale et plus nécessaire.

Sous le même scellé de Bordeaux (la *Croix*, journal quotidien, imprimé 8, rue François-Ier), je lis :

« Mon Révérend et cher Père, avez-vous du nouveau dans votre zone. Le P. Eutrope est content, l'abbé Coldre assez content, le P. Roger un peu moins, quoiqu'il ait eu une bonne réunion à Gaillac. Le P. Lazare est enthousiaste de sa réunion à Dreux. Le P. Aloys se met en route pour les départements du Nord. Les nouvelles et impressions que nous recevons directement ici montrent que le mouvement se dégage un peu partout du marais de l'indifférence. Le difficile, c'est l'union.

« A Paris, on multiplie les réunions, déjà quelques bonnes candidatures surgissent.

« Je vous écris spécialement pour vous dire l'impression que notre ami M. P. F. V. de Lille a rapportée de son voyage à Rome. La ligne de conduite de la Croix et de Justice-Égalité y est très approuvée en tous points. »

Perquisition de Bordeaux ; scellé n° 2, pièce 6 ; lettre du P. Adéodat :

« C'est aux comités locaux à voir ce qu'il convient de faire pour le choix de la meilleure candidature possible et de celle qui a le plus de chance de succès.

« Comme candidat, on en désire beaucoup de très bons, pourvu qu'ils aient des chances, sinon on peut aller à droite aux royalistes, pourvu qu'ils ne fassent pas de déclarations anticonstitutionnelles, et à gauche, jusqu'au modéré et à l'indépendant qui ne feront pas de déclaration sectaire. On accepte, mais on n'encourage pas de lancer de candidature ecclésiastique.

« Il faudrait tâcher de grouper tous les hommes de bonne volonté sur le terrain du patriotisme contre la coalition juive et antipatriotique !

« ADÉODAT. »

Puis une lettre du P. Picard (la pièce a été saisie à Bordeaux), qui écrit à un des Pères de Bordeaux :

« Merci, mon cher enfant, de votre lettre sur Bernard ; si tous les candidats qui ont fait des promesses sont disposés à les tenir, les élections seront un véritable triomphe ; mais hélas !

« Je vois avec plaisir que les œuvres de Bordeaux continuent à se développer et vais communiquer votre lettre au P. Ambroise, etc. »

Le reste est sans intérêt et je n'y insiste pas.

En 1898, nous allons voir le résultat de l'Œuvre électorale dans le scellé de Nîmes. Vous allez voir ce qu'ils disent quand ils envisagent ce qui s'est passé aux élections. Vous venez de voir comment ils les ont préparées ; vous allez voir leur chant de triomphe entre les deux scrutins de mai 1898. Je prends d'abord l'Œuvre électorale du 12 mai 1898 :

« Dieu soit loué, les prières, les efforts et les offrandes de nos amis ont obtenu un premier succès.

« Sans doute ce n'est pas la victoire complète, mais pou-
vions-nous espérer mieux ? »

Cela va avoir de l'importance quand je dirai la liste qui
suit :

« Dans les circonscriptions même où la réussite serait
impossible, nos amis peuvent presque partout s'entendre avec
le candidat le moins mauvais et obtenir de lui des concessions ; mais soyons plus fermes encore au ballottage qu'au
premier tour, à l'endroit des lois intangibles, et ne divrons
jamais des voix sans rien recevoir, donnant donnant.
« Certains de nos amis devront enfin maintenir leur candidature pour faire échec à des sectaires avérés et favoriser les
passables. »

« Puis, dans le même numéro, on donne la liste de vingt-cinq
sièges qu'on prétend avoir gagnés, et les dernières lignes que
je viens de vous lire [illegible] crainte de déplaire
à qui que ce soit, de donner lecture de ces noms qui ont
d'ailleurs, été publiés dans ce journal, l'Œuvre électorale.
J'ai la conviction, pour ma part, que ces messieurs ne disent
pas la vérité quand ils affirment qu'ils ont gagné ces vingt-
cinq sièges. J'ai la conviction que certains des noms qu'ils signa-
lent comme noms de députés républicains dont quelques-uns
nous sont connus, n'ont pris, vis-à-vis d'eux, aucun engagement et que si les voix de leurs électeurs se sont portées sur
ces messieurs, c'est à leur insu. »

C'est dans ce but que, pour le scrutin de ballottage, essayant
de les attirer en leur indiquant que d'autres avaient accepté
leur concours, ils essayèrent de faire passer [illegible]
eux d'autres avaient [illegible] ceux qu'ils appellent des modérés.
En réalité, [illegible] gagné [illegible] comptent donc les
sièges de ceux qu'ils [illegible] sont à la rubrique de conseil

C'est un siège de gagné.

M. Chiché leur écrit le 15 mai :

« Mon cher Ami,

« Vous me demandez mon opinion au sujet de la politique de Drumont et sur les libertés qu'il conviendrait d'accorder aux congrégations religieuses.

« Je n'hésite pas à répondre que Drumont est mon ami ; j'ai la plus grande admiration pour son courage et pour son talent ; je pense avec lui qu'il faut lutter avec énergie contre les juifs.

« En ce qui concerne les congrégations religieuses, je veux leur accorder une entière liberté ; je suis partisan de la liberté d'association sans restriction. »

En voilà qui n'ont pas refusé des attestations écrites, signées, des engagements qu'ils avaient pris, malgré les opinions politiques qu'on pouvait leur supposer. Voilà, Messieurs, des sièges bien gagnés.

En ce qui concerne leur tactique pour le ballottage, ils n'ont certainement consulté personne. A qui feront-ils croire qu'ils ont consulté ceux qu'ils désignent d'un *seul mot* et qui représentent tout un parti politique ? En effet, le 15 mai 1898, le P. Adéodat écrit :

Comité Justice-Égalité

« Monsieur l'Abbé et cher Collaborateur,

« On craint pour les ballottages une majorité radicale et socialiste. Donc, manœuvrons pour faire passer les *Mélinistes.* Très important.

« Vous avez bien travaillé. Merci et en avant...

            « Adéodat.

Eh bien ! Messieurs, je suis convaincu qu'on n'a pas consulté ceux que ces messieurs désignent d'un seul mot sous le nom de mélinistes et que si on a voté pour eux, — ce qui est possible, — on n'a pas obtenu d'eux (nous n'en avons pas trouvé dans les perquisitions) des engagements comme ceux signés par M. Charles Bernard ou par M. Chiché.

Mais, Messieurs, je vous dis qu'ils ont obtenu des résultats, je vous dis qu'ils triomphent, je vous dis qu'ils sont en pleine réussite. Ils réussissent si bien (je vais vous en donner la preuve la plus démonstrative), qu'ils commencent à se quereller. Voici, en effet, ce qu'écrit le P. Adéodat, toujours, je crois, au même Père. La lettre est du 2 février 1899 ; elle a été saisie à Bordeaux :

« Mon Révérend et bien cher Père.

« Merci de votre petit mot et de vos bons renseignements. Je vous en envoie un qui a son importance. Dans la dernière réunion de la Fédération, lundi, M. Lamy a fait une sortie violente contre les délégués de la *Croix*, prétendant que la Fédération seule a le droit d'envoyer des délégués, que ceux de la *Croix*, surtout des religieux, dérangent tout, compromettent tout, font peur à tout le monde. M. l'abbé Garnier lui a dit nettement : « Mais « puisque la Fédération ne fait rien, il faut bien que les « autres agissent. »

« M. Lamy s'est emporté, M. Arthur Ménard voulait qu'on rappelât aussitôt le délégué de la *Croix*.

« M. de Roquefeuille a soutenu que c'était là une prétention absurde et que la *Croix* a bien le droit d'envoyer visiter ses comités et ses délégués, celui de parler élection. « Voulez-vous « qu'ils parlent au nom de la Fédération, a-t-il dit à M. Lamy. « — Ah ! cela non, a répondu M. Lamy. — Eh bien ! alors, vous « n'avez pas le droit de leur interdire d'agir en tant que « délégués de la *Croix*. » Cette opinion a fini par prévaloir.

Vous voyez la difficulté de manœuvrer. Je ne serais pas surpris que M. Imbert Lalour ne lui ait envoyé quelques rapports contre vous et vos réunions. Agissez quand même avec force et prudence, tel est l'avis formel du R. P. Picard. Je tenais à vous prévenir. Il est bien entendu que ce que je vous écris de l'entretien de M. Paul Fevre ne change en rien vos instructions et doit rester confidentiellement et utilisé en confidence sans même citer la provenance, sauf en cas très sûr, autrement ce seraient de nouvelles scènes (Lamy). »

ADÉODAT.

« Oui, Messieurs, on commence à se quereller quand on réussit trop bien. On avait admirablement réussi, on a commencé — permettez-moi cette expression — à vouloir tirer chacun à soi la couverture.

« Le comité Justice-Égalité, d'ailleurs, a fini par abandonner le 8 de la rue François-Ier ; je ne dis pas pour cela qu'il est devenu un comité indépendant ; je crois bien que le P. Adéodat est toujours à sa tête ; mais enfin le comité est allé loger autre part, je ne sais où. Voilà où ils en sont : le désaccord est entré dans le camp d'Agramant.

« Ils n'utilisent pas seulement les femmes dans leurs Ligues. Je vous ai dit qu'ils avaient une administration à côté de l'administration, mairie, à côté de la mairie, justice de paix à côté de la justice de paix ; pour être complets, ils ont une police secrète et ils emploient des femmes à ce métier. J'en trouve la preuve dans un scellé de Bordeaux, un scellé saisi chez le P. Olivier, le sieur d'Abescat, lequel, entre parent M/en prévoyant la perquisition, avait caché tout ce qu'on a trouvé chez lui dans sa paillasse. Il a fallu faire une perquisition sérieuse pour le trouver. Quand un commissaire de police ou un juge d'instruction, qui savent très bien que l'on cache souvent dans les paillasses certains documents, s'approche d'un lit, on crie

« J'ai eu une très bonne impression de cet entretien qui a été très cordial et dont les événements actuels ont été le sujet ! — A-t-il duré longtemps ? — Environ trois quarts d'heure. — Alors vous reverrez ce bon père avec plaisir ? — Parfaitement et je vous avoue que dans l'intérêt du pays il ne serait pas mauvais que certains hommes politiques prennent contact avec les caractères comme le P. Picard et ceux de ses collègues dont j'ai fait connaissance. — Même avec Rochefort, votre ami ? — Pourquoi pas ! — Eh bien ! le jour où cela arrivera, je porterai un beau cierge à saint Antoine. En riant, le député m'a dit (c'est la réponse de M. Bernard d'après l'espion) : « Vous n'avez qu'à essayer de tenter l'épreuve, cela n'a pas été difficile pour moi. Pour vous, je savais que votre libéralisme ne s'arrêterait pas à des questions de robe ou de veston, mais Rochefort ? Y pensez-vous ? Il lui faut manger du prêtre au moins deux fois par semaine. »

« Si vous le connaissiez dans l'intimité, Rochefort n'est pas le croquemitaine que vous croyez, il est Français, s'il a les défauts de notre esprit national, il a du moins les qualités de cœur de notre race. » (*Bruit dans la salle.*)

Le P. Picard. — Pourquoi dites-vous que c'est un espion ?

M. Bulot. — Je vais vous dire ce qu'est ce scellé, et si vous désirez qu'on l'apporte à l'audience de demain, on l'apportera. Il y a dans ce long rapport, qui est fait au jour le jour sur des feuilles volantes, des conversations de Mme Bernard, la mère de M. Charles Bernard, heure par heure, minute par minute. J'imagine que cela a été écrit d'une main de femme ; une feuille est d'ailleurs signée, par erreur sans doute le reste est signé de deux initiales A. C., mais une des pièces est signée entièrement — je ne dirai pas le nom. Je ne conçois pas ce que peut être cette femme qui s'introduit dans l'intimité d'une famille et qui va répéter, minute par minute, heure par heure, ce qu'elle entend, en donnant, pour que l'on comprenne bien ce qu'elle dit et pour que l'on ne suppose pas qu'il y a quelque chose de son invention, les dialogues comme je viens de vous les lire. Je conclus, moi, que c'est de la police secrète. Maintenant, si M. Charles Bernard veut venir dire : « Cette dame ne faisait que ce que je lui avais demandé de faire, je ne voulais pas que les révérends pussent ignorer une minute de ma vie privée, et je les avais suppliés de m'adresser cette femme pour savoir ce que je ferais, » je serais de l'avis du P. Picard ; mais enfin pour moi, c'est de la police par les femmes, et nous la connaissons très bien.

Telle est leur organisation, telle est leur propagande, tels sont leurs résultats. Pour masquer tout cela, tous les moyens sont bons, et il est un incident que je dois vous signaler, c'est le dernier point de l'exposé. L'instruction avait été commencée, les perquisitions avaient eu lieu le 11 novembre, et nous étions très surpris, je dois le dire, de n'avoir pas trouvé encore plus de choses intéressantes rue François-Ier, lorsque le rapport de la police de la Sûreté du 17 décembre nous a signalé une chose qui était complètement inconnue : c'est que la maison du 8 de la rue François-Ier avait une sortie au 15 de l'avenue d'Antin, à une distance considérable. On avait en effet fait garder par le commissaire de police les portes connues des établissements dans lesquels on allait perquisitionner, cette porte-là était inconnue ; j'ai craint que ce rapport de la police de Sûreté ne contînt une erreur et c'est l'unique raison pour laquelle , quarante-huit heures avant la fin de l'instruction, quand ce détail nous a été révélé, j'ai demandé au juge d'instruction de commettre un expert pour reconnaître les lieux et voir si cette porte existait.

Elle existe. Pour arriver à se ménager ce passage et cette porte par laquelle on ne les voit jamais sortir, car s'ils étaient sortis par là quelquefois, nous aurions vu qu'ils avaient une porte sur l'avenue d'Antin; savez-vous le tour de force qu'ils ont dû faire? Ils ont dû acheter les immeubles jusqu'à l'avenue d'Antin et les revendre en se réservant un droit de passage.

Le P. PICARD. — C'est faux! faux!

M. BULOZ. — Vous voyez bien qu'il était utile que je dise toutes ces choses, puisque cela vous permettra de les démentir.

Le P. PICARD. — Il ne faut pas dire des choses inexactes de cette manière-là.

M. BULOZ. — Vous les démentez avec assez d'énergie.

Le P. PICARD. — Nous ne les démentons pas assez. Lorsqu'on a saisi des lettres intimes, lorsqu'on a saisi des lettres particulières qui se trouvaient dans douze ou quinze maisons et qu'on vient étaler ici ces lettres qui ne devraient paraître devant personne, je suis obligé de protester.

M. BULOZ. — Je reconnais le caractère très secret de votre société.

Le P. PICARD. — Non, pas très secret, mais intime.

M. LE PRÉSIDENT. — N'interrompez pas.

M. BULOZ. — J'en ai pour dix minutes encore et vous m'entendrez jusqu'au bout.

Le P. PICARD. — Mais pas dix minutes de calomnies.

M. BULOZ. — J'ajoute que si vous continuez sur ce ton-là, quoique je ne sois pas touché du tout par vos injures, je prendrai des réquisitions contre vous. Je n'ai pas l'habitude de prononcer des calomnies.

Le P. PICARD. — Je me tais, parce que j'y suis obligé, mais je proteste!

M. BULOZ. — Je prends note de votre protestation et je répète, parce que j'y tiens et que cela me paraît intéressant, que je suis tout à fait heureux de m'être conformé aux dispo-

On trouve d'abord une enveloppe portant l'adresse : le R. P. Edouard, supérieur de l'alumnat de Clairmarais ; une enveloppe de la librairie Kleinckdesch, avec l'adresse du R. P. Bachelier, des Augustins de l'Assomption ; une carte postale en date à Calais du 26 août 1895, adressée par M. Ernest Debrouille au R. P. Édouard : une carte de visite du P. Edouard Bachelier des Augustins de l'Assomption.

On trouve mieux, on trouve une circulaire imprimée du 30 novembre 1894 pour la création de l'Association des anciens élèves de Jésus Naissant. Il y a là six Pères de l'Assomption, un certain nombre de laïques, trois abbés et une dizaine de personnes qui n'assistaient pas à la réunion, mais qui ont envoyé leur adhésion, en tout vingt-neuf, plus de vingt et un ; à eux tout seuls, ils formeraient une association non autorisée. La lettre est signée Edouard des Augustins de l'Assomption.

Mais il y a quelque chose de plus grave. Je crois bien que c'est l'écriture du P. Edouard Bachelier, mais cela peut être d'une autre écriture : on a tenu là un registre indiquant l'historique de la paroisse de Clairmarais, indiquant à quelle époque elle a été élevée à la dignité de succursale. C'est par un décret du 23 janvier 1877, signé du maréchal de Mac-Mahon, que l'église de Clairmarais a été érigée en succursale. A partir du 24 janvier 1877, l'histoire de l'église de Clairmarais est très courte, la voici en quelques lignes, elle est copiée textuellement dans les archives :

« Le R. P. Maubon exerça les fonctions de curé jusqu'en septembre 1883. Le 30 du même mois, le P. Edouard Bachelier était appelé à lui succéder comme supérieur de l'alumnat et curé de la paroisse. »

Puis il y est resté, et à côté du curé supérieur, tous les vicaires de la même église sont des pères assomptionnistes du même établissement : c'est le P. Pautrat, le P. Géry Deballeau, le P. Charles François, etc. Le dernier vicaire indiqué est le P. Constant.

Quand on proteste avec cette énergie, que vous retrouverez tout à l'heure en tête du dernier interrogatoire, qui ne renferme que cela dans les déclarations du P. Picard, quand on proteste avec cette énergie de sa sincérité, de la bonne foi qui est la règle de conduite de tous les membres de la Congrégation, il n'est pas mauvais d'apporter un peu plus de sincérité dans des déclarations si simples, qui engagent si peu, et qui, d'ailleurs, vont être immédiatement contrôlées, ce qui fait qu'on aura le déplaisir de se voir immédiatement donné à soi-même un démenti par ses propres documents.

Est-ce un fait isolé ? A Pontoise, le P. Hilaire cherche à dissimuler le caractère du supérieur de l'Assomption, le P. Picard. On trouve là une liste de membres, il y en a trente. Puis on interroge le P. Hilaire. On voit sur des portes de chambres les noms des PP. Bailly et Picard et on demande au P. Hilaire ce que représentent ces noms en ce qui concerne son établissement. C'est une question bien nette : si vous aviez été le P. Hilaire, vous auriez répondu : « Le P. Picard est le supérieur de la Congrégation, le P. Bailly est le rédacteur en chef de la *Croix*. »

Ecoutez :

« MM. Bailly et Picard sont tous les deux prêtres, en outre M. Bailly est propriétaire de l'abbaye et de ses dépendances qu'il met gracieusement à la disposition de l'œuvre. C'est pourquoi une chambre lui est réservée. Une autre chambre est également réservée à M. Picard, qui est son ami personnel en même temps qu'un de nos protecteurs. »

Il sent qu'il n'a pas convaincu le magistrat et il ajoute :

« M. Bailly porte le titre de général des Augustins de l'Assomption. Il est parti d'ici en dernier lieu, il y a une quinzaine de jours et doit être en ce moment à Rome. Il n'habite pas ici où reste d'une façon continue ; il n'y vient guère passer que quelques semaines par an. »

Pour M. Picard, il n'a pas cru devoir déclarer qu'il est le supérieur général des Assomptionnistes.

« M. Picard, dit-il, est un ami personnel de M. Bailly, il n'habite pas non plus ici, il ne vient que de temps en temps. »

Vous verrez tout à l'heure l'explication de cette façon de dissimuler la vérité.

A Saintes, nous avons un autre exemple que je veux vous citer : pièce 116 de l'instruction, n° 2. (Procès-verbal de perquisition.)

« La troisième chambre où nous pénétrons est occupée par M. Deniel-Charles-Henry, qui, interpellé par nous, déclare contrairement à ce qui nous a été dit par le supérieur, M. Ulysse, qu'il ne fait pas partie de la Congrégation. Puis au cours de la perquisition, et quand nous lui montrons des lettres où il est appelé « Mon Révérend Père », il s'efforce de convenir de ce que nous appelons un mensonge et lui une réticence. »

On vient perquisitionner dans un établissement des Assomptionnistes, on s'adresse à un père assomptionniste (il n'y a pas de crime à être Assomptionniste), on lui demande quelle est sa qualité, il proteste qu'il n'est pas Assomptionniste ; on trouve des documents qui établissent sa qualité et on lui

« Attendu que pour démontrer ce fait il a été versé au do:
sier des procès-verbaux émanant de M. Péchard, commissai:
de police ; mais attendu que l'un de ces procès-verbaux a é
communiqué au journal *le Figaro* avec l'addition d'une fauss
signature. »

On ne vous dit pas que le procès-verbal qui est au dossie
est orné d'une fausse signature. La pièce sur laquelle vou
aurez à statuer n'est pas signée du P. Hippolyte Saugrain.

« Qu'en outre des soupçons les plus graves peuvent êt:
élevés sur la régularité de ces procès-verbaux ;
« Attendu que les résultats de cette instruction seront d
nature à éclairer les juges de l'action correctionnelle ;
« Attendu qu'il existe entre l'action criminelle et l'actio
correctionnelle une évidente connexité ;
« Par ces motifs, dit qu'il sera sursis aux débats dan
l'affaire actuellement pendante devant le tribunal jusqu'à c
qu'il ait été fait droit à la plainte du R. P. Hippolyte Sau
grain. »

Qu'est-ce que la plainte en faux dirigée contre le *Figar*
et tous autres, c'est-à-dire contre ceux qui auraient commu
niqué les procès-verbaux infidèles, ce qui serait une absur
dité d'ailleurs, puisque la pièce originale était au dossier e
qu'on savait que la comparaison se ferait ?
Comment la situation serait-elle éclaircie par une instruc
tion qui aurait lieu et qui établirait (je le dis pour les besoin
de la discussion) soit qu'un membre du parquet, moi-même s
vous le voulez, soit un commissaire de police, soit un secré
taire indiscret qui, chargé de faire une expédition, l'aura:
faite en double, soit que quelqu'un enfin ait communiqué cett
pièce et que, soit volontairement, soit par erreur, il ait fai
figurer la signature du P. Hippolyte sur les deux pièces, alor

qu'elle ne figurait que sur une, et encore que le *Figaro* aurait consciemment publié le faux ?

Qu'est-ce que cela aura, je vous le demande, comme influence, sur la solution du procès qui vous est déféré ? Quelle connexité entre ce délit commis jusqu'à la date des perquisitions, 11 novembre, et cette indiscrétion doublée d'un faux, si vous le voulez, commise trois, quatre ou cinq jours après les perquisitions du 11 novembre ? Est-ce que j'ai emprunté aux procès-verbaux autre chose que ce qui avait été reconnu par les Pères eux-mêmes ? Est-ce que j'ai pris autre chose, à part la critique qui m'a été adressée pour la citation d'une brochure trouvée chez ces messieurs, mais n'émanant pas de leur imprimerie ? Est-ce que j'ai fait autre chose que de me servir de pièces émanant d'eux, trouvées chez eux, dont ils reconnaissent le caractère, dont ils se prévalent, dont ils se targuent, auxquelles on applaudit dans l'auditoire, quand je les lis, tant on est d'accord avec eux et tant ils sont d'accord avec eux-mêmes sur l'excellente campagne qu'ils ont faite ?

Eh bien ! Messieurs, je vous le demande, maintenant que vous savez ce que je leur reproche, peut-il y avoir une connexité quelconque, quelque chose qui puisse réfléchir du procès criminel qui aurait lieu, si le faux était établi, au procès correctionnel qui vise les Pères de l'Assomption, à raison de faits sur lesquels je m'expliquerai, au point de vue juridique, lorsque les prévenus se seront expliqués sur les griefs que je viens de vous faire connaître ?

M. LE PRÉSIDENT. — Avez-vous quelques observations à présenter sur l'exposé de faits qui vient d'être plaidé par M. le Procureur de la République ? Quel est celui de vous qui désire prendre la parole sur ce point ?

LE P. PICARD. — Permettez-moi de dire qu'il y a eu un

moment que j'ai refusé de répondre. [...]
Mais M. le juge d'instruction [...]

petit instrument et on a demandé à quoi il pouvait servir. L[e]
religieux a dit : « Quand nous avons besoin de nous mortifier
nous nous mortifions. » Et on a rencontré la même chos[e]
dans d'autres endroits.

Je ne crois pas qu'on fasse des perquisitions pour voir s'il [y]
a dans une maison de la discipline et si quelques-uns de[s]
membres de cette maison se doivent la discipline lorsqu'ils on[t]
besoin de fortifier leur courage et leur énergie ou bien lorsqu'ils croient devoir acquérir du mérite devant Dieu par de[s]
mortifications volontaires, ceci est formel et je ne vois pas [ce]
que pourrait sortir de cette pensée M. le Procureur de la République.

Je ne veux pas entrer dans le détail, parce que je ne [le]
pourrais pas. M. le Procureur de la République a pris so[n]
temps pour bien exposer une situation qu'il ne connaît pas.
Il ne connaît pas la situation des Assomptionnistes ; s'il m[e]
l'avait demandée, je la lui aurais exposée et il ne m'aurait p[as]
taxé de déloyauté et de non-sincérité ; il aurait trouvé que, [à]
l'Assomption, nous présentons les choses simplement. [Ce qui]
prouve que nous ne craignons pas de montrer ce que nous fa[i]-
sons, c'est que dans les pièces qu'on a saisies chez nous, o[n]
a trouvé ces pièces à peu près toutes imprimées. Quand o[n]
veut se cacher, quand on veut exercer une action occulte, o[n]
n'imprime et on ne répand pas à des milliers d'exemplair[es]
les divers moyens dont on se sert pour entraîner les mult[i]-
tudes.

En ce qui concerne l'organisation électorale, qu'est-ce q[ui]
ne s'est pas occupé d'élections pendant les derniers évén[e]-
ments et pendant la dernière période électorale ? J'ajoute qu[e]
pour moi, je n'aime pas m'occuper d'élections ; j'y suis obli[gé]
quelquefois, cependant, parce que, comme vous tous, je su[is]

cet exposé certains points qui étaient des attaques contre des personnes ; or, je ne pense pas que, dans un procès de cette nature, on soit autorisé à prononcer certains noms, et en particulier des noms de dames, et qu'on soit autorisé à aller fouiller dans les intentions des personnes qui écrivaient aux religieux de l'Assomption. Vous savez parfaitement ce que sont les dames : il y en a qui écrivent avec beaucoup de bon sens, tranquilles, de sérieux, il y en a d'autres qui lancent sur le papier tout ce qui passe dans leur esprit, pour ne pas dire dans leur cervelle ; eh bien ! si on peut, dans une perquisition, saisir certaines lettres qui se trouvent chez des religieux, non seulement c'est une indiscrétion, mais... j'aime mieux ne pas indiquer le mot qui vient... enfin, est-il permis [de] perquisitionner des lettres de femmes et d'opposer des lettres de femmes... les constituant membres de la police ?

Nous avons maintenant ce que c'est que la police, nous avons vu la Sûreté générale... la taille de tous... un juge auquel je rends hommage, qui... le parlement soit ; néanmoins, c'est sur sa réquisition que notre maison a été envahie tout entière sans prévenir personne, sans indiquer... supérieur, ni un propriétaire que l'on allait venir perquisitionner ; personne dans la maison ne pouvait entrer dans aucune cellule.

Au lieu... il n'a voulu faire... une cellule de prêtre... Vous le savez, des secrets... vous êtes trop respectueux... prêtre pour interroger les prêtres sur certains secrets... des secrets qu'il n'a pas le droit d'indiquer ; il y a des... qui sont inviolables pour la justice humaine, et même pour... hommes qui nous entourent, et ces secrets... sont des... de conscience.

Heureusement, qu'on en ait... n'ai pas... enfin...

suisses. Parmi les journaux français, le *Figaro*, le *Matin*, le *Siècle*, l'*Aurore*, le *Radical*, le *Signal*, la *Petite République*, le *Journal du Peuple*, la *Petite Gironde*, la *Dépêche de Toulouse*.

Le *Figaro* s'est distingué par l'âpreté et la mauvaise foi de sa polémique contre la *Croix* qui, d'ailleurs, ne prend pas la peine de lui répondre.

Vous voyez qu'il y a eu une véritable campagne de presse; je pourrais vous citer même des extraits où la fable des 1.800.000 francs a été annoncée par les journaux de province, entre autres par le *Petit Troyen* d'avant-hier...

M. LE PRÉSIDENT. — Quelqu'un d'entre vous désire-t-il présenter des observations sur l'exposé de l'affaire?

LE P. BAILLY. — Je fais remarquer que la *Croix* a été attaquée par M. le Procureur de la République, au moyen d'articles qui ne sont pas d'elle; un journal qui paraît depuis plus de vingt ans renferme beaucoup d'articles où peuvent se trouver des arguments contre sa politique, contre sa moralité, puisqu'il a été question de procès de mœurs qu'on pourrait lui intenter.

M. le Procureur de la République a cité contre elle des articles tirés d'une *Croix* de Bordeaux. Je m'expliquerai demain pour dire que les *Croix*, même celle de Bordeaux où un de nos Pères a collaboré, ont une rédaction tout à fait indépendante, et dans une lettre qui a été lue, je vois qu'il est recommandé à cette *Croix* de Bordeaux d'apporter de la modération.

On a cité une chanson qui s'est vendue sur le boulevard, qui a été donnée par un journal et qui a été (c'est vrai) reproduite par nous en disant que la censure avait laissé passer cette chanson. Or, dans un journal quotidien (je fais appel à tous ceux qui se sont occupés de journaux quotidiens), où la rédaction se compose de plus de trente personnes, il est impossible qu'on puisse garantir qu'une citation de journal ne contiendra pas une erreur, une chose forcée. C'est peut-être ce qui est arrivé, je le reconnais.

Tout à l'heure, M. le Procureur de la République a cité une brochure de M. des Aubrais. J'ai dit que cette brochure n'était pas de nous, qu'elle était de la librairie. M. des Aubrais n'habite pas Paris et publie des livres dans notre librairie...

M. Bulot. — Alors, je retire toutes mes excuses.

Le P. Bailly. — Je ne vous demande pas de retirer des excuses, mais je tiens à dire toute la vérité. J'ai dit tout simplement ce qui est : C'est que cette brochure n'est pas de nous, et si on attribue à un journal les articles qui sont publiés au dehors, des brochures émanant d'auteurs étrangers qui n'habitent point Paris, des chansons, et que rien là ne soit de la *Croix*, je suis étonné d'être traîné de cette façon sur la claie. Je fais cette simple observation, je ne veux pas entrer dans la discussion.

M. Bulot. — Alors, il est bien constant que la brochure que j'ai lue (cela m'intéresse beaucoup personnellement) a été imprimée, 8, rue François-Ier. Elle n'est pas rédigée par vous, mais elle a été imprimée, 8, rue François-Ier.

Le P. Bailly. — Comme les différents livres de la librairie.

M. Bulot. — Par conséquent, je ne me suis pas trompé : cela vient de l'imprimerie de la maison.

Le P. Picard. — Encore un mot seulement. M. le Procureur de la République a indiqué deux faits et tout d'abord le fait du trésor ; il nous a annoncé que demain il l'expliquerait

Audience du mardi 23 janvier 1900

L'audience est ouverte à midi cinquante.

M. LE PRÉSIDENT. — Faites entrer le premier témoin.

Déposition de M. Péchard

M. Péchard, Charles, quarante-trois ans, commissaire de police de la ville de Paris, 9, rue Marsollier.

M. LE PRÉSIDENT. — Veuillez faire votre déposition.

M. PÉCHARD. — Monsieur le Président, c'est moi qui suis allé, le 11 novembre dernier, en compagnie de trois de mes collègues, perquisitionner au couvent de la rue François-Ier. Un incident qui avait retenu mes collègues à la porte ne leur a pas permis de me suivre. Je suis entré seul dans la salle de rédaction. J'ai été mis en rapport avec M. Bailly, à qui j'ai donné connaissance de ma commission rogatoire. J'ai été rejoint quelques instants après par mes collègues.

M. Bailly a mis à notre disposition à chacun un personnage laïque ou religieux. En ce qui me concerne, c'est M. Tournier qui m'a été adjoint. Je n'ai demandé aucun renseignement autre que celui sur l'endroit où on me conduisit. J'ai été conduit chez le grand-assistant, je crois, des Assomptionnistes, M. Hip-

polyte Saugrain. Je lui ai fait connaître ma commission rogatoire et j'ai perquisitionné dans sa cellule. J'ai vu sa table
sur laquelle se trouvaient des lettres ayant trait à des envois
d'argent, à des affaires de charité, à l'Œuvre de Saint-Antoine,
enfin à différentes œuvres qui sont traitées dans le couvent.
Presque toutes ces lettres étaient accompagnées d'envois
d'argent.

Il y avait des billets de banque, des papiers pliés en quatre
dans lesquels étaient renfermées des pièces d'or et d'argent. Je
n'ai examiné que très sommairement ces choses qui n'avaient
pas trait à la commission rogatoire dont j'étais nanti. Puis j'ai
vu une correspondance prête à partir, non fermée. Cette correspondance provenait des religieux de la maison qui écrivaient
à des personnes étrangères. Dans cette correspondance, j'ai
trouvé une lettre écrite par le P. Félicien, je crois, au supérieur de Nîmes; il lui annonçait que les Assomptionnistes seraient
bientôt poursuivis et que des mesures seraient peut-être prises
contre toutes les congrégations.

J'ai retenu cette lettre-là parce qu'elle expliquait en partie
l'insuccès sur lequel nous pouvions compter. J'ai examiné
ensuite les meubles. Dans une bibliothèque, il y avait des
monceaux de lettres, toutes ayant trait à des envois d'argent,
il y avait également des comptabilités domestiques. Alors,
jugeant que ce serait très long à examiner, que cette correspondance me prendrait un certain temps, j'ai chargé un des
deux employés qui étaient avec moi, mon secrétaire et mon
inspecteur, de parcourir toute cette correspondance et de me
signaler au passage les documents qui pourraient paraître
intéressants.

De mon côté, j'ai examiné un petit meuble dans lequel j'ai
trouvé quelques documents qui n'avaient peut-être pas beau-

ne retombât sur mes doigts. Dans ce compartiment, j'ai vu des papiers relatifs à la communauté : un bail en double expédition, une contre-lettre de propriété que j'ai retenue ainsi que le bail, il y avait encore des testaments, des livres de comptes, des papiers qui me paraissaient faire partie plutôt des archives de la communauté que des choses courantes.

Au-dessous de ces papiers se trouvaient des rouleaux, je ne dirai pas d'or, mais paraissant être composés de pièces d'or (*Rires*). Je n'en ai ouvert aucun, mais certains de ces rouleaux portaient la mention « mille francs » et tous étaient semblables par leurs dimensions. J'ai assez l'habitude de juger les dimensions d'un rouleau de pièces de 20 francs ou de 10 francs ou de sous pour me rendre compte de ce que je vois. Le tiroir se trouvait à peu près aux trois quarts plein de ces rouleaux qui étaient disposés horizontalement. Je ne les ai pas comptés, parce que je n'avais pas mission de faire une perquisition en ce qui concernait les fonds de la communauté et je n'ai pas interpellé le P. Hippolyte sur ce point.

J'ai demandé à un certain moment : Mais est-ce que c'est l'argent de Saint-Antoine ? Le P. Hippolyte m'a répondu : « Oh, non ! Monsieur, c'est l'argent de la communauté. Je suis trésorier. »

Je n'avais donc pas, chaque fois que je lui voyais de l'argent sur sa table, à lui demander à qui il appartenait, je n'avais pas mandat pour cela.

J'ai examiné le tiroir central du bureau où se trouvaient les objets sans valeur. Dans le tiroir de gauche, il y avait des liasses de billets de différentes valeurs : 50, 100, 500, 1.000 francs. Tout cela était assez mal rangé comme si cela avait été brouillé ou plutôt comme si on en avait extrait quelques-uns.

En effet, en ma présence, un Père qui n'était pas dans la salle s'est présenté porteur d'un bon, il l'a remis au P. Hippolyte qui a ouvert le tiroir de gauche, en a tiré sept billets de 100 francs, les a remis à ce religieux et m'a dit : « Vous voyez, Monsieur, ce qu'il faut d'argent, c'est toute la journée comme cela. »

Je n'ai fait aucune observation sur ce point.

Je dois dire que, en dehors de ces propos, l'opération s'est faite très silencieusement ; nous n'avons pas échangé beaucoup d'observations, par conséquent je n'ai pas eu à m'étonner ni à soulever d'objections.

J'ai trouvé également dans le tiroir inférieur un assez grand nombre de rouleaux de pièces d'argent de diverses valeurs ainsi que de la monnaie de billon.

Voilà, Monsieur le Président, en ce qui concerne l'argent que j'ai trouvé chez les Assomptionnistes, tout ce que je puis vous dire.

Ma perquisition a duré assez longtemps ; il était environ 10 heures et demie quand je me trouvais encore dans la cellule ; mon collègue M. Hamard, qui perquisitionnait également dans la galerie, est venu me retrouver dans cette cellule. Il s'est étonné et m'a dit : Tu es encore là ? — Oui, c'est très long ! lui répondis-je, et c'est alors que je lui ai fait part de la découverte que j'avais faite.

Je ne sais si mes inspecteurs étaient dans cette cellule et si ces messieurs ont entendu le propos que j'ai tenu ; en tous cas, M. Hamard est entré dans la pièce et je lui ai dit : Il y a au moins 2 millions ici. Il m'a demandé : Où donc ? Je lui ai montré le coffre-fort et les tiroirs. Par conséquent, ayant entendu le propos lui-même, il ne pouvait douter que je ne désignais l'argent contenu dans tous ces meubles.

M. LE PRÉSIDENT. — Messieurs les défenseurs, avez-vous une question à poser au témoin ?

Me DELEPOUVE. — M. Péchard vient de dire qu'il n'avait pas mission de rechercher s'il existait ou non des sommes d'argent, étant donné le mandat de perquisition qu'il avait reçu ; est-ce bien exact ?

M. PÉCHARD. — Oui, Monsieur.

Me DELEPOUVE. — C'est donc de lui-même et sans mandat qu'il a fait cet examen ?

M. PÉCHARD. — Puis-je répondre, Monsieur le Président ?

M. LE PRÉSIDENT. — Maître, il apparaît que lorsqu'un commissaire est chargé de faire une perquisition, il doit chercher partout, dans le local où il se trouve, les documents qu'il est chargé de saisir. Il se peut qu'au cours de ces recherches il ait à ouvrir certaines armoires, certains coffres, et qu'il constate la présence d'espèces, sans les rechercher. Evidemment, d'après la déclaration de M. Péchard, le but de ces opérations n'était pas de rechercher s'il existait des fonds, mais de rechercher les documents qu'il avait mission de saisir.

Me DELEPOUVE. — Il les a constatées en passant, sans avoir reçu un mandat spécial pour faire cette recherche, voilà un point qui est établi actuellement. Maintenant, pourquoi, ayant fait cette recherche cependant et s'étant livré à un certain examen, ne l'a-t-il pas fait sérieusement et avant d'affirmer qu'il existait tantôt une somme, tantôt une autre, tantôt 2 millions, tantôt 1.800.000 francs, puis plus tard d'autres évaluations, pourquoi M. Péchard n'a-t-il pas alors poursuivi son investigation et fait son constat d'une manière précise en examinant et en comptant les valeurs qu'il évaluait ainsi d'une manière si imprudente, si téméraire, puisqu'il n'en avait pas le compte

fort, des tiroirs, de la caisse, de cet ensemble, que j'ai déduit qu'il y avait peut-être cette somme. Mais je ne pouvais pas l'interpeller sur la détention des fonds.

Me DELEPOUVE. — Mais, puisqu'il y a eu un procès-verbal de constat, si nous en jugeons d'après ses termes, fait immédiatement, et qui constate et détermine le chiffre de 1.800.000 francs, ce n'est donc pas postérieurement que M. Péchard se sera fait cette opinion, c'est séance tenante. Il a rédigé un rapport affirmant à peu près, et même d'une manière qu'il jugeait inférieure au chiffre réel, l'existence des 1.800.000 francs, sans que le P. Hippolyte ait été amené à donner son opinion. Il est évident que si le P. Hippolyte avait été averti, il aurait immédiatement protesté, et il aurait dans ce cas demandé que l'on voulût bien faire le compte de l'argent existant.

S'il y avait eu doute, certainement M. le Commissaire de police, qui connaît son devoir, n'aurait pas hésité à mettre les scellés, afin de pouvoir ainsi conserver la possibilité au P. Hippolyte de se justifier et de justifier la Congrégation d'une imputation qui pouvait être inexacte. Car, enfin, Messieurs, je n'attaque pas M. Péchard, je respecte son serment, mais enfin j'ai le droit d'apprécier ses déclarations au point de vue des convenances de sa situation et de ses obligations morales. Il est certain qu'il mettait le P. Hippolyte dans une situation où il lui était impossible de se justifier matériellement. Dans ces conditions, il me semble que M. le Commissaire de police n'a pas exécuté son mandat avec la prudence, la sagesse et l'équité qu'il convenait vis-à-vis de celui qu'il exposait ainsi à une grave responsabilité vis-à-vis de l'opinion publique et peut-être aussi vis-à-vis des pouvoirs publics.

M. PÉCHARD. — Puis-je répondre, Monsieur le Président?

par lui, je lui ai laissé prendre copie de ce procès-verbal ; mais je n'avais pas à lui donner connaissance d'autres parties de mes constatations.

Me Demange. — Je constate que M. Pichard n'a pas répondu à ma question.

M. le Président. — Alors, précisez votre question.

Me Demange. — Je voudrais savoir pourquoi, par quel motif, constatant l'existence d'une somme de 1,800,000 francs sans la compter, et après avoir posé certaines questions à M. Sangrain, cependant il a porté un jugement sur l'importance de la somme et l'a laissé ignorer au P. Hippolyte ? De là le reproche que je lui adresse.

M. le Président. — En un mot, vous demandez à M. Pichard pourquoi il n'a pas fait connaître à M. Sangrain qu'il avait trouvé une somme qu'il évaluait à 1,800,000 francs.

Me Demange. — Oui [illegible].

M. Pichard. — J'ai [illegible] en touchant le coffre, il a fait un mouvement de surprise, d'étonnement ; cela m'inspirait une certaine considération, et M. Hippolyte Sangrain, sans que je le lui demande, m'a donné une explication que je vous ai dite tout à l'heure. Plus tard, quand on est venu toucher devant moi [illegible] francs, je n'ai pas fait une interpellation que M. Sangrain a répondu [illegible] à une question que je ne lui avais pas posée : « Vous voyez, Monsieur, [illegible] de l'argent [illegible] » [illegible] Mais je n'ai pas l'habitude de poser des questions indiscrètes.

Me Demange. — Ce n'est pas une question indiscrète que de dire qu'une somme de 1,800,000 francs avait été [illegible] crire dans un procès-verbal pour un homme de l'expérience de M. Péchard, sans se dire à lui-même : c'est une découverte importante que je viens de faire. D'autant plus, qu'à peine avait-il quitté les lieux où il venait de faire son constat, il l'a dit à tout le monde ! Autre question, car je vois que M. Péchard échappe à toutes les questions...

M. LE PRÉSIDENT. — Précisez au moins !

Mᵉ DELEPOUVE. — La question d'honneur... il passe toujours à côté, je ne peux pas insister indéfiniment, le Tribunal appréciera.

Mᵉ DE BELLOMAYRE. — Sur ce point, Monsieur le Président veut-il me permettre de faire une observation. Il y a un premier procès-verbal rédigé par le commissaire de police ; dans ce premier procès-verbal, le témoin raconte qu'il entre dans la cellule du P. Hippolyte, qu'il trouve certaines pièces et les fait mettre sous scellés ; puis, M. le Commissaire de police ajoute qu'il remarque telle et telle chose :

« Nous remarquons, tant dans les meubles garnissant la cellule que dans un coffre-fort ouvert sur notre réquisition, une nombreuse correspondance relative à des dons faits au nom de saint Antoine de Padoue en exécution de vœux accomplis et constatons la présence de fonds importants en valeurs, titres et billets de banque que l'on peut estimer au minimum de 1.800.000 francs. Nous trouvons également des testaments faits par des personnes en faveur de prêtres dont les noms ne figurent pas dans la liste des individus faisant l'objet de notre commission rogatoire. »

Donc, dans le procès-verbal, M. Péchard constate son impression sur l'importance des sommes qu'il avait trouvées en titres et billets dans différents meubles de la cellule du P. Hippolyte. Puis il ajoute :

« Nous nous retirons après avoir fait signer notre procès-verbal, ainsi que les pièces saisies et les étiquettes des scellés par M. Hippolyte Saugrain.

« Le Commissaire de police,

« Signé : Péchard. »

Voilà le premier procès-verbal complet ; et il constate qu'avant de se retirer, M. le Commissaire de police a fait signer le procès-verbal par le P. Hippolyte.

M. Péchard. — Pas ce procès-verbal-là !

Me de Bellomayre. — Pardon : « Nous nous retirons après avoir fait signer notre procès-verbal. »

M. Péchard. — Le procès-verbal de constat.

M. le Président. — Il ne faudrait pas qu'il y ait d'équivoque : il y a eu, signés par M. Péchard, un procès-verbal et un rapport.

Me Bazire. — Pardon, il y a un procès-verbal n° 1 et un procès-verbal n° 2.

Me de Bellomayre. — Le 11 novembre, entre 8 et 11 heures du matin, il y a eu dans et hors de la cellule du P. Hippolyte, deux procès-verbaux rédigés par M. le Commissaire de police. Le surlendemain 13, à la vue du procès-verbal, le juge d'instruction s'étonne et écrit une lettre à M. Péchard pour lui demander des explications afin qu'il précise en détail la consistance et le lieu où se trouvaient ces prétendues sommes. Le même jour 13, M. le Commissaire de police adresse à M. le Juge d'instruction une lettre très longue que M. le Président appelle un rapport, où il énumère dans le détail la découverte qu'il aurait faite. Mais un fait est certain : c'est que le 11, il y aurait eu le matin deux procès-verbaux rédigés, qui tous eux auraient été signés par le P. Hippolyte. Je demande pourquoi on a laissé ignorer au P. Hippolyte cette constatation alors qu'il aurait pu faire remarquer qu'elle était inexacte. Au lieu de cela, on l'annonce, on la juge dans le public, sans rectifier.

M. LE PRÉSIDENT, *au témoin*. — Voilà la question, vous l'avez bien comprise?

M. PÉCHARD. — Elle est assez longue, mais je crois l'avoir comprise. Je n'ai pas fait deux procès-verbaux : j'ai fait une procédure comportant deux procès-verbaux. Je n'ai pas fait reconstater par M. Hippolyte Saugrain la procédure pas plus que les sommes, que les testaments, que la contre-lettre ou les documents qui étaient chez lui, parce que mon mandat ne m'autorisait pas à faire cette constatation. Je suis allé trouver M. le Juge d'instruction et je lui ai dit : Monsieur le Juge d'instruction, j'ai trouvé des sommes considérables dans a cellule et les y ai laissées ; je pourrais les saisir si vous jugiez convenable de me prolonger ma commission rogatoire. J'avais tellement conscience que mon mandat ne me donnait pas ce droit, que, n'ayant pas reçu cette prolongation de pouvoirs, j'en suis resté là.

M⁰ DELEPOUVE. — Il a été impossible au P. Hippolyte de faire constater que votre appréciation était inexacte.

Nous tenons à bien faire remarquer que le commissaire de police a parlé de la question du trésor à M. Fabre...

M. PÉCHARD. — Je n'ai donc pas égaré le juge d'instruction.

M⁰ DE BELLOMAYRE. — Qu'a-t-il dit, ce magistrat ?

M. PÉCHARD. — Je n'ai pas à le faire connaître.

M⁰ DELEPOUVE. — Une autre question, Monsieur le Président. Comment se fait-il que si le premier procès-verbal était un rapport et non pas un procès-verbal...

M. PÉCHARD. — Ce n'est pas un rapport, c'est un procès-verbal.

Mᵉ DELEPOUVE. — Laissez-moi poser une question. Vous avez dit tout à l'heure le premier procès-verbal et un second procès-verbal, vous avez dit que le premier procès-verbal, le procès-verbal n° 1, a été fait le 11 novembre à 8 heures du matin. C'est votre mention. Que le second procès-verbal porte cette mention : 8 heures et quart. Dans votre premier procès-verbal, vous avez dit: « Des scellés dont la description est mentionnée dans notre procès-verbal n° 2 et à continuer dans le procès-verbal n° 1. »

Expliquez-nous cette contradiction apparente.

M. PÉCHARD. — J'ai déjà donné l'explication. Une procédure se compose d'un premier procès-verbal qui est une nomenclature dans laquelle sont mentionnés tous les actes qui ont précédé, suivi ou accompagné l'opération. Dans ce premier procès-verbal, je raconte les circonstances qui sont survenues, à mon entrée, dans la maison de la rue François-Iᵉʳ, ce qui s'est passé dans ladite maison et les circonstances qui ont suivi.

Vous avez dû voir dans ce premier procès-verbal que je parle également de la perquisition faite dans la bibliothèque, ainsi que chez dix-sept ou dix-huit Pères. Dans cette table des matières, je parle de mon arrivée chez le P. Hippolyte, de mes observations. Tout ce qui s'est passé au cours de mon opération générale est relaté sur cet acte. Quant aux choses saisies, aux vrais constats, ils forment le procès-verbal n° 2, quoiqu'il en soit fait mention dans le procès-verbal n° 1.

Mᶜ DELEPOUVE. — Pourquoi, alors, Monsieur le Commissaire de police, avez-vous, à la fin du premier procès-verbal, écrit cette mention : « Nous nous retirons après avoir fait signer notre procès-verbal, ainsi que les étiquettes des scellés. »

Le procès-verbal n° 1 est en réalité, et c'est là l'erreur, le procès-verbal rédigé le dernier. Il suffit de le lire pour s'en rendre compte. Voilà le procès-verbal n° 1; vous vous arrêtez à une phrase. Ce procès-verbal qui prend le n° 1 parce qu'il sera l'indication de ce qui a été fait, commence par indiquer : « Nous nous sommes transportés à telle heure... » Et immédiatement, ce qui montre qu'il n'est pas rédigé après le n° 2 : « ... Nous nous rendons ensuite au troisième étage de l'immeuble... » c'est toujours le procès-verbal n° 1 qui parle.

Cette pièce est le résumé des opérations ; elle sera la pièce initiale de la procédure du commissaire de police à laquelle sont joints d'autres procès-verbaux. Si, par hasard, M. Péchard, au lieu de ne faire qu'une perquisition utile chez le P. Hippolyte Saugrain, avait fait d'autres perquisitions utiles au litrais, dressé des procès-verbaux distincts pour chaque perquisition suivie de saisie, et en eût fait mention dans le procès-verbal n° 1, en ces termes :

« ... Nous constatons telle chose et nous nous retirons après avoir fait signer par le P. X... notre troisième procès-verbal. »

Il aurait fait comme cela dix procès-verbaux qui seraient venus à la suite du procès-verbal n° 1 ; celui-ci est rédigé le dernier comme l'est généralement la préface d'un roman, qui s'imprime en tête du volume : on rédige le procès-verbal utile, le procès-verbal des perquisitions en présence des intéressés et on le leur fait signer ; quand on a fini, on dresse un procès-verbal général, qui prend le n° 1, qu'on met en tête de la procédure et qui raconte l'opération tout au long, en indiquant qu'après avoir dressé chaque procès-verbal, on l'a fait signer intéressés.

Me Delepouve. — Monsieur le Président, permettez. Il résulte des explications de M. le Procureur de la République, que le procès-verbal en question n'est pas à ses yeux un acte initial, que c'est au contraire un résumé d'une procédure faite, non pas avant, mais à la fin, à la suite des procès-verbaux de perquisition et, par conséquent, nous nous trouvons en présence d'une situation où nous nous demandons à quel moment, à quelle heure le procès-verbal a-t-il été rédigé. C'est là un fait qui est très important, que nous ne pouvons pas constater. D'après les explications de M. le Procureur de la République, c'est un résumé que l'on a fait à la fin, quand tout est fini, c'est quelque chose dont on pourrait se passer, mais au point de vue de la régularité de la procédure, nous devons savoir quand il a été fait.

Dans quelles circonstances, dans quel moment, nous 'ignorons, et, par conséquent, nous n'avons pas insisté davantage sur ce point. Je terminerai, en ce qui me concerne, par cette seule remarque : dans la lettre écrite par M. Péchard au juge d'instruction : « J'ai cru devoir vous informer de ma découverte afin de vous mettre à même, si vous le désirez, de constater l'exactitude de mon dire... » je constate donc ici ces deux faits : le juge d'instruction n'a pas cru, malgré la gravité, l'énormité des découvertes, devoir les contrôler. Il résulte également que M. Péchard, comprenant toute la gravité, toute l'importance de la découverte qu'il a faite, n'a pas voulu, lui, personnellement, se livrer à un contrôle qui aurait pu avoir un caractère intéressant, et lui aurait permis d'apporter des dépositions autres que celles qu'il apporte aujourd'hui à la justice.

M. le Président. — Vous n'avez plus de question à poser ?

M. LE PRÉSIDENT. — Je n'admets pas de manifestations.

M. LE PROCUREUR DE LA RÉPUBLIQUE. — Si vous trouvez cela drôle, vous avez le caractère gai.

Je vous dis que l'enregistrement, s'il apprend qu'une contre-lettre se trouve dans un greffe, a le droit d'en prendre connaissance. Ici vous êtes surpris que le ministère public, avisé que des pièces intéressant l'enregistrement, c'est-à-dire le gouvernement, communique ce fait au gouvernement, au président du Conseil, au ministre de la Justice, et l'informe qu'une saisie a été faite, de façon que l'enregistrement puisse user de la loi.

C'est moi qui ai prévenu le ministre de la Justice, le président du Conseil s'est trouvé prévenu et puis l'enregistrement a pu l'être. Je vous réponds qu'il n'y avait pas uniquement le commissaire de police, le procureur de la République et le juge d'instruction qui connussent les pièces ; le garde des sceaux était prévenu, l'enregistrement avait pu en prendre connaissance ; j'ajoute qu'il y avait aussi tous les Pères intéressés à la connaître, qui savaient qu'elle avait été saisie et qui pouvaient trouver intéressant aussi d'aller au-devant de la publication qui serait faite aujourd'hui. Je n'en sais rien, je n'incrimine personne.

Je vois très bien la tendance des questions qui sont posées, je vois très bien qui l'on veut incriminer, j'ai l'habitude de ne commettre aucune espèce d'indiscrétion professionnelle et je connais mieux que personne le devoir du secret professionnel. Je dis que la pièce était connue de tous les membres de l'Assomption qui sont au courant de la façon dont on dissimule les propriétés de l'Association et qui pouvaient avoir intérêt à aller au-devant d'une publication qui éclaterait aux débats. Je dis qu'elle était connue et qu'elle pouvait l'être de l'enregistrement, car je n'ai pas su si l'enregistrement avait demandé en fait cette communication. J'ai prévenu le garde des sceaux, et si j'ai jamais l'occasion de lui faire une communication de même nature, je m'empresserai de la faire.

Je dis qu'il ne faut pas essayer d'établir d'équivoque et dire au commissaire de police : C'est vous qui avez communiqué cette pièce. En ce qui concerne M. Péchard, je n'ai pas à dire qu'il connaît aussi le secret professionnel, mais en ce qui concerne M. le Juge d'instruction et moi, nous sommes au-dessus du soupçon qu'on veut faire planer sur nous.

Le P. Picard. — Voudrait-on continuer aujourd'hui le procédé étrange qui a permis de discréditer la Congrégation et de la jeter en pâture au public pour que tout le monde puisse l'attaquer avant qu'elle ait le droit de se défendre ?

M. le Procureur de la République. — Je vais vous répondre... Je vous ai dit hier, et c'est la vérité absolue, que je n'avais pas l'intention de parler longuement de cet incident. Vous avez fait autour de lui un bruit que je ne comprends pas encore. (*Bruit.*) J'ai cru alors devoir faire entendre des témoins : maintenant il faut bien que nous les entendions avant de discuter leurs dépositions ; et lorsque vos avocats insinuent que des indiscrétions, que des contraventions au secret professionnel, un manquement au secret professionnel, ont été commis par des magistrats, que leurs questions démontrent nettement la tendance de ce qu'ils veulent indiquer, il faut cependant que les magistrats répondent de suite que si une indiscrétion a été commise, elle a pu être commise par d'autres que par eux.

Le P. Picard. — Je pose une question très simple. Hier, d'après les procédés que vous nous avez indiqués tout à l'heure, vous avez cru devoir livrer la préface du roman avant de nous

M. Péchard. — Un peu plus grande que les billets de 1.000 francs.

M. le Procureur de la République. — Huit cents billets de 100 francs, cela représente huit cents feuilles fort minces. Est-ce que l'aspect général — on va dire que je tends un piège — est-ce que l'aspect général, la grosseur, l'épaisseur paraissent indiquer qu'il y avait là huit cents feuilles de papier ?

M. Péchard. — Je ne puis préciser. Je sais que la pochette représentait la grosseur de deux volumes comme on en trouve dans la librairie, des volumes à 3 fr. 50.

M. le Procureur de la République. — Seconde question Vous avez trouvé dans le tiroir des rouleaux que vous n'avez pas plus ouverts que vous n'aviez compté les billets de banque et vous avez estimé qu'il y avait là pour...

M. Péchard. — J'ai dit 400.000 francs.

M. le Procureur de la République. — Pour 400.000 fr. d'or. Vous avez conclu que ces rouleaux étaient des rouleaux de pièces de 20 francs, parce que vous avez vu sur certains qui étaient au-dessus l'indication : 1.000 francs. Comme ils étaient tous semblables, vous aviez conclu qu'ils étaient tous des rouleaux de 1.000 francs. Vous avez ajouté que vous avez suffisamment l'expérience de la monnaie pour vous rendre compte que ces rouleaux qui portaient 1.000 francs étaient des rouleaux de louis et non des rouleaux de sous. Donc, vous persistez à penser, en d'autres termes, que vous avez trouvé d'un côté — c'est là une question de monnaie — 800.000 francs en billets de banque, avec la fiche qui donnait l'impression que vous avez déclarée, que vous avez trouvé, dans une enveloppe, 120 ou 130 mille...

M. Péchard. — 133.000 francs ; cela faisait 933.000 fr.

M. le Procureur de la République. — Cela faisait

933.000 francs ; puis vous avez trouvé, dans un tiroir, une somme que vous avez évaluée à 400.000 francs environ. Cela fait 1.333.000 francs. Puis vous avez indiqué, dans votre déposition, que vous avez trouvé, par ailleurs, des sommes diverses ; c'est comme cela que vous êtes arrivé à 1.800.000 fr.

M. LE PRÉSIDENT. — Vous n'avez plus de questions à poser ? Appelez un autre témoin.

Déposition de M. Lacroix, secrétaire suppléant de M. Péchard

M. LE PRÉSIDENT. — Dites ce que vous savez.

LE TÉMOIN. — Voulez-vous me poser une question, Monsieur le Président ?

M. LE PRÉSIDENT. — Vous avez été cité à la requête de M. le Procureur de la République pour déposer sur les faits dont vous avez été témoin au cours de la perquisition qui a eu lieu chez les Pères de l'Assomption. Veuillez exposer ce que vous savez.

LE TÉMOIN. — J'ai assisté M. Péchard dans la perquisition. Je me suis rendu dans la cellule de M. Saugrain avec M. Péchard, et pendant que M. Péchard était occupé à voir certaines lettres qui se trouvaient sur le bureau, nous avons, l'inspecteur Breton et moi, regardé dans des casiers, à gauche de la cellule, plusieurs lettres ; je n'ai rien vu du contenu du coffre-fort, j'étais placé à un endroit d'où je ne pouvais pas voir et la porte de ce coffre-fort me cachait complètement l'intérieur.

Ce n'est qu'après la perquisition du coffre-fort, quand M. Péchard est revenu devant le bureau, dont le tiroir était

l'indiquéz. Avez-vous assisté à la rédaction du procès-verbal?

Le Témoin. — Du procès-verbal de scellé ? oui.

M. le Président. — Et de l'autre ?

R. — Non, Monsieur le Président.

Déposition de M. Hamard

M. Hamard, sous-chef de la Sûreté, trente-huit ans, commissaire de police.

M. le Président. — Exposez ce qui s'est passé au cours de la perquisition qui a eu lieu chez les Assomptionnistes.

Le Témoin. — Le 13 novembre dernier, en vertu d'une commission rogatoire de M. Fabre, juge d'instruction, j'ai été chargé, ainsi que trois de mes collègues, d'opérer des perquisitions, 8, rue François-Ier, chez les Pères de l'Assomption. Nous nous sommes divisé l'opération en quatre parties ; j'ai été chargé personnellement de perquisitionner chez le P. Picard, directeur, chez le P. Bailly, chez le P. Saint-André. Je suis entré dans une chambre où se tenaient des prêtres orientaux. De là, je suis entré chez le P. Hippolyte. A ce moment, j'ai rencontré mon collègue, M. Péchard, qui, ses opérations terminées, en sortait. Il me dit aussitôt : « Je suis ici chez le caissier de l'établissement et je viens d'y trouver une somme d'au moins deux millions. »

Je lui ai demandé de me montrer les endroits où se trouvait cette somme. J'ai aperçu un coffre-fort derrière le P. Hippolyte, et ce vieillard se tenait à un bureau à droite en entrant. J'en suis sorti immédiatement et je rencontrai M. Péchard dans un des couloirs. Nous avons reparlé de la question ; il me dit : « Il y a au moins 1.800.000 francs ou 2 millions. » Chemin faisant, nous avons reparlé de la question et il n'est pas revenu sur ce qu'il m'avait dit. La déclaration était absolument nette.

M. LE PRÉSIDENT. — En ce qui vous concerne, vous n'avez vu ni dans le coffre-fort ni dans le tiroir.

M. HAMARD. — Non, je me tenais sur le seuil de la porte.

Me BAZIRE. — Voudriez-vous demander au témoin s'il est entré dans la cellule du P. Hippolyte ?

LE TÉMOIN. — J'y suis entré absolument ; je ne suis pas resté sur le seuil, j'ai fait quelques pas en avant et j'ai pu voir ce vieillard à barbe blanche près de sa table et de son coffre-fort... Il a fallu que d'un coup d'œil rapide j'envisage tout ce qui était dans la pièce.

Déposition de M. Debrie, architecte

M. Debrie, architecte, 115, boulevard Saint-Germain, quarante-deux ans.

M. LE PRÉSIDENT. — Faites votre déposition.

LE TÉMOIN. — J'ai été appelé à aller dans l'immeuble rue François-Ier pour faire des constatations de deux ordres différents : examiner les issues diverses qui pouvaient exister et aussi faire une évaluation sommaire. Je ne sais sur quel point vous pouvez me demander des explications.

M. LE PRÉSIDENT. — Sur les deux points. Les deux points ont été justement l'objet d'une contestation et d'une discussion hier. Expliquez-vous.

LE TÉMOIN. — Sur le premier point, ce sont des constatations matérielles qui ne peuvent faire l'objet d'une discussion : Il y a deux issues, l'une sur la rue François-Ier, l'autre sur l'avenue d'Antin. On va du terrain en bordure rue Fran-

tion de M. Péchard a-t-il vu ce dernier retirer de la cais
soit des liasses de billets de banque, soit d'autres valeur
pour les compter ou du moins les apprécier.

Le Témoin. — Non, le coffre-fort est placé à l'extrémité
a cellule du P. Hippolyte ; il a à peu près 60 centimètres
haut ; il s'ouvre de gauche à droite. M. Péchard a mis u
genou en terre devant le coffre-fort ; il n'a rien compté ; je n'
rien vu. Il n'a rien dit, par conséquent je n'ai absolume
rien vu ni entendu.

Me Delepouve. — Combien de temps M. Péchard a-t-
mis à examiner ?

M. le Président. — Il ne faut pas qu'il y ait d'équivoque
Vous dites que M. Péchard n'a rien compté, il n'y a pas d
discussion sur ce point, lui-même le déclare ; mais M. Péchar
à déclaré tout à l'heure qu'il avait fouillé certaines pièces, no
tamment une pochette contenant des billets, puisqu'il a p
trouver au milieu de la pochette une fiche indicative de l
valeur qui y était contenue. Alors M. Péchard aurait néan
moins, malgré ce que vous disiez tout à l'heure, jeté un cou
d'œil sommaire sur ce qui se trouvait dans le coffre-fort ? Vou
entendez la question ?

Le Témoin. — Parfaitement ; mais j'étais à droite.

M. le Président. — Votre réponse se borne à ceci : vou
n'avez pas vu si M. Péchard a regardé sommairement ce qu
était dans le coffre-fort ?

Le Témoin. — J'ai vu M. Péchard devant le coffre-fort
mais je ne sais pas ce qu'il a fait. Il est resté environ deux
minutes devant le coffre-fort. Le coffre-fort est assez petit : il y
a deux tiroirs ; j'étais à droite, je n'ai pas pu voir ce que
M. Péchard, qui était devant le coffre-fort, a fait. Il n'en a rien
sorti et il n'a rien dit.

Me Delepouve. — M. Péchard qui était agenouillé devant le coffre-fort pour examiner ce qui s'y trouvait a-t-il retiré cette pochette afin de la voir de plus près soit pour la compter d'une manière sommaire, soit pour la peser... A t-il retiré la pochette?

Le Témoin. — M. le Commissaire de police n'a rien retiré du coffre-fort.

Me Delepouve. — Autre point sur lequel je désire que le témoin s'explique : le tiroir de caisse, le tiroir de droite du bureau dans lequel M. Péchard aurait trouvé, en rouleaux enveloppés de papier gris, une somme d'environ 400.000 fr. M. Péchard a affirmé que, d'après la vue de ces rouleaux, il renfermait nécessairement de l'or ; il l'a affirmé sans qu'il y ait touché. Cette impression est-elle celle du témoin qui a vu également ces rouleaux ? Paraissaient-ils des rouleaux d'or et pouvait-on juger d'une manière sûre, sans les ouvrir, que ces rouleaux étaient des rouleaux d'or ?

Le Témoin. — Certainement non. Le tiroir de gauche est un vieux bureau qui a été même assez difficile à ouvrir. Le commissaire de police a tiré à lui ce tiroir. Dans le premier casier, il y avait des rouleaux ; il y avait même un sac vide ; le commissaire de police a soulevé ce sac et a regardé sans toucher. Je n'ai pas vu ce qu'il y avait dans les rouleaux.

M. le Président. — Avez-vous regardé dans les tiroirs ?

Le Témoin. — Oui, j'étais justement à côté de M. Péchard, à ce moment.

M. le Président. — Avez-vous remarqué que sur quelques-uns des rouleaux était écrit le nombre « 1.000 » ?

R. — Non, Monsieur, je n'ai pas vu cela.

M. le Procureur de la République. — M. Tournier est journaliste, à quel journal ?

juge d'instruction a voulu entendre ces messieurs, il a fallu qu'on la
mis dans l'impossibilité de le faire.

Le P. Picard. — Les messieurs ne restent pas rue François Ier. L'invitation a été adressée au R. P. Picard. Cette citation m'est arrivée le soir. Les hommes du journal prennent
leur dimanche; il en était donc difficile de la faire parvenir, ce
n'était que le lundi que je le pouvais, et ils seraient citées pour
le lundi.

Je dois avouer que je ne connais pas l'adresse de M. Tournier encore aujourd'hui.

J'ajoute qu'il me semblait aussi juste que légitime que les
citations fussent adressées réellement à la personne citée.

M. le Procureur de la République. — ... nous n'avons
pas l'adresse... ou nous la donner au journal la
Croix ou à l'Assomption, nous n'avons pas pu les citer.

Le P. Picard. — On ne s'est pas adressé à moi.

M. le Procureur de la République. — Je ne m'explique
que sur ce point. On pourrait dire que nous n'avons pas voulu
des témoins, le juge d'instruction a voulu ... il
voudrait ... Picard. — Il aurait beaucoup d'avoir
leurs adresses et d'attendre ... attend pour
le premier jour.

Le P. Picard. — C'est facile d'avoir les adresses ...
Croix, ils les auraient eues. Cela prouve de la mauvaise
Croix, les bureaux fermés le dimanche.

M. ... — Parmi ces trois témoins, il y en
a ... si le juge d'instruction voulait les citer, il y en a un pour
qui ... inscrit au bureau.

M. Bazire. — Il n'était ... au Parquet ... de ce qui
concerne une adresse.

Déposition de M. Ménant

Ménant (Jean-Auguste), ancien notaire, 26, rue Montessuy.

Me Delepouve. — Le témoin se trouvait dans la cellule du P. Hippolyte au moment de la perquisition. A-t-il vu M. Péchard retirer une pochette pour l'examiner, la peser, la juger, ou simplement n'a-t-il fait que regarder dans l'intérieur pour savoir ce qui s'y trouvait ?

R. — J'étais dans la cellule au moment où M. Péchard faisait les perquisitions. M. Péchard était courbé devant le coffre-fort du P. Hippolyte, parce que ce coffre était relativement petit : Il n'est pas plus haut que la table. Je me trouvais derrière lui. Il m'empêchait de voir en partie ce qu'il y avait dans le coffre. Seulement, je sais que je voyais ses mains, et s'il avait eu une serviette quelconque à la main, je l'aurais vue ; or je n'ai rien vu, par conséquent, M. Péchard devant moi n'a pas eu de serviette à la main, ni sac quelconque.

M. le Président. — Ceci tend à établir que M. Péchard n'aurait pas sorti la pochette du coffre-fort.

Me Delepouve. — Le témoin a-t-il vu ouvrir des tiroirs où se trouvaient des rouleaux enfermés avec des papiers écrits et a-t-il vu sur l'enveloppe de ces rouleaux l'indication de *mille francs* ? A-t-il vu que l'on ait touché à ces rouleaux ? Était-il possible, à l'inspection même de ces rouleaux, de porter un jugement quelconque sur leur contenu ?

Le Témoin. — J'ai bien vu le tiroir-caisse où se trouvaient ces rouleaux. C'étaient des rouleaux de gros sous enveloppés dans du papier gris. Il n'était pas possible de confondre des rouleaux de sous avec des rouleaux de pièces de 20 francs,

est monsieur, ne venait-il pas habituellement régler le compte de ses fournitures avec le P. Hippolyte, et n'ouvrait-on pas, pour régler ces comptes, le tiroir de droite du bureau du Père, et n'y prenait-on pas des rouleaux entourés de papier gris et renfermant des sous?

Le Témoin. — Oui, Monsieur.

Me Delepouve. — Racontez comment les choses se passaient quand vous régliez les comptes avec le P. Hippolyte.

Le Témoin. — Voilà huit ans que je viens dans la maison. La plupart du temps que je venais pour toucher une note, le P. Hippolyte me donnait la clef pour ouvrir le tiroir; j'en sortais des sous en rouleaux de 2 francs et de 5 francs.

M. le Président. — Il s'agit bien du même tiroir?

Le Témoin. — Oui, Monsieur. (*Rires.*)

M. le Président. — Duquel, alors?

Le Témoin. — Le tiroir de droite du bureau.

M. le Président. — Qui se trouve dans la cellule du P. Hippolyte?

Le Témoin. — Oui.

Le P. Picard. — Vous les preniez vous-même?

(Le témoin fait signe que oui.)

Le P. Picard. — On lui donnait la clef.

Déposition de l'abbé Thénard

M. l'abbé Thénard, quarante-neuf ans, précepteur, Rond-point des Champs-Élysées, 9.

Me Delepouve. — Le témoin ne s'est-il pas trouvé, souvent, le matin, dans la cellule du P. Hippolyte, et n'a-t-il pas été présent à des règlements de compte, soit avec le boucher, soit avec le boulanger? N'ouvrait-on pas le tiroir de droite du bureau du Père pour y prendre des rouleaux entourés de papier gris et renfermant des sous?

Le Témoin. — En effet, j'ai été un jour témoin d'un versement; voici dans quelles conditions:

C'était au commencement de mars de l'année dernière; j'étais allé voir le P. Hippolyte dans la matinée. J'étais à peine entré chez lui qu'arrivait le boucher pour faire régler une note. Comme le P. Hippolyte était assez souffrant et que ses mouvements étaient difficiles, il m'a prié de l'aider dans cette circonstance. J'ai pu ouvrir un tiroir-caisse placé à droite du bureau. Dans ledit tiroir se trouvaient une grande quantité de rouleaux entourés de papier gris. Je ne puis pas cependant certifier la couleur du papier... J'ai pris un certain nombre de ces rouleaux; j'en ai retiré à peu près pour 200 francs; le boucher ayant sa note acquittée s'est retiré. Quand le boucher eut disparu, je dis au P. Hippolyte que j'étais étonné de voir que les fournisseurs acceptaient une telle quantité de billon. Il me répondit qu'au lieu de faire des difficultés ils étaient heureux d'avoir cette monnaie qui pouvait leur servir pour leur commerce de détail.

J'ai vu dans les journaux, à la suite de la perquisition, que le commissaire de police avait parlé d'une somme considérable en or, trouvée dans ledit tiroir-caisse. J'ai pensé à une erreur involontaire de sa part et que, frappé de cette quantité de rouleaux et n'étant pas au courant des habitudes de la maison, il avait cru trouver rue François-Ier une nouvelle mine d'or.

Déposition du P. Teillon

M° Delepouve. — Le témoin n'est-il pas le portier de la communauté de la rue François-Ier et n'est-il pas chargé, habituellement, de faire des rouleaux de sous enfermés dans un papier gris, pour le P. Hippolyte ?

Le Témoin. — Je suis portier et, en même temps, je suis chargé de compter les sous qui sont mis dans des rouleaux de 2 francs pour les pièces de 5 centimes, et de 5 francs pour les pièces de 10 centimes ; ils sont enroulés dans un papier gris.

Il n'y a jamais rien de marqué sur ces rouleaux.

Déposition du P. Canouël

Le P. Canouël, trente-deux ans, prêtre assomptionniste, économe à l'abbaye de Livry.

M. le Procureur de la République. — C'est un témoin de l'accusation ; je ne sais pas comment il arrive après les autres.

Je voudrais demander à M. Canouël de refaire devant le Tribunal, et sous la foi du serment, les déclarations qu'il a faites au cours de l'information, dans l'interrogatoire qu'il a subi devant le juge d'instruction. Je lui indique de suite de quoi il s'agit : C'est la question de savoir qui est propriétaire de Livry, quelles dépenses ont été faites à Livry pour l'élévation d'une chapelle notamment, par qui ces dépenses ont été payées, quelles sommes y ont été affectées ?

M. le Président. — Avez-vous entendu la question posée ? Veuillez y répondre.

Le Témoin. — Il y en a plusieurs.

M. le Président. — Vous pouvez les réunir toutes et répondre en même temps ; elles se complètent l'une l'autre.

M. le Procureur de la République. — Qui est propriétaire ?. Quelles dépenses ont été faites ? Par qui ces dépenses ont-elles été payées ?

Le Témoin. — M. Benjamin Bailly, le P. Emmanuel, est propriétaire de Livry.

M. le Procureur de la République. — Il n'est pas sur ces bancs ?

Le Témoin. — Non.

Une dépense importante a été faite, mais j'affirme que cet argent ne vient pas de la Congrégation ; il nous a été donné par deux bienfaiteurs qui veulent rester inconnus.

M. le Procureur de la République. — A quel chiffre s'élèvent ces dépenses ?

Le Témoin. — Je ne me rappelle pas.

M. le Procureur de la République. — Pourquoi aujourd'hui nous dites-vous que ce sont deux bienfaiteurs, alors que devant le juge d'instruction vous avez donné une autre explication ?

Le Témoin. — Parce qu'en ce moment *j'ai prêté serment* et je suis *obligé de dire la vérité.*

M. le Procureur de la République. — Les deux bienfaiteurs seraient-ils, par hasard, ceux que vous appeliez le P. Picard et le P. Bailly, lorsqu'on vous a interrogé pour la première fois et sur place ?

Le Témoin. — Non, Monsieur.

M. le Procureur de la République. — Ce P. Picard, que vous indiquiez comme un prêtre ami du P. Bailly, ne se trouve-t-il pas être le supérieur de la Congrégation ?

3.000 francs ne venaient pas de bienfaiteurs étrangers, mai
venaient de Paris, envoyés par la maison-mère ; il était indiqu
que ces 3.000 francs devaient être restitués à l'œuvre si jamá
on vendait l'immeuble.

LE TÉMOIN. — Vous faites erreur ; le scellé que m
montré M. Hamard ne portait que sur la somme d
100.000 francs.

M. LE PROCUREUR DE LA RÉPUBLIQUE. — Vous avez reçu u
jour 6.300 francs pour faire face à une dépense de 6.336 fr
et des centimes. Vous ne savez pas cela ? La maison-mère n
vous a jamais envoyé d'argent pour des dépenses immobi
lières ?

LE TÉMOIN. — Jamais.

M. LE PROCUREUR DE LA RÉPUBLIQUE. — Vous êtes l'économe

LE TÉMOIN. — Oui, mais je ne m'en souviens pas.

M. LE PROCUREUR DE LA RÉPUBLIQUE. — Ma question es
très nette, et je ne cherche pas d'équivoque, je ne veux pas
du tout vous tendre un piège, croyez-le bien.

Je vous demande : Vous êtes économe de Livry ; on a fait de
grosses dépenses ; chiffrons-les avec ce que vous venez de dire :
175.000 francs pour la chapelle (c'est le P. Benjamin Bailly,
en religion P. Emmanuel, qui est propriétaire de l'immeuble,
et qui, malgré ses vœux de pauvreté, a trouvé 175.000 francs
pour payer... c'est entendu) ; 100.000 francs que l'on a dé-
pensés (cela a été donné par des bienfaiteurs que vous ne
pouvez pas nommer).

En dehors de ces 275.000 francs, n'avez-vous pas eu à
payer d'autres sommes ? N'avez-vous pas eu même à vendre,
par ministère d'agent de change, des valeurs, des titres ? Ne
savez-vous pas qu'on a trouvé dans votre maison des borde-
reaux indiquant cela ? Je vous demande en tout cas si, de la

ont été inculpés, mais je les ai écartés par un non-lieu.

Il s'est passé ceci : un commissaire de police ou le juge d'instruction s'est trouvé en présence d'un Père à Livry, par exemple : on a posé des questions comme celle-ci : on voit des chambres, il y a des noms dessus : « Qu'est-ce que ces chambres ? Qui habite là ? Il y a Bailly, c'est M. Bailly ? Il y a Picard, c'est M. Picard… ? » C'est là que les premières réticences se sont de suite présentées ; quand on n'a pas encore prêté serment, comme le disait tout à l'heure avec une réelle franchise le témoin Canouël, on n'est pas obligé de dire toute la vérité… C'est là ce que je relève comme des réticences dont j'ai tiré et dont je tirerai encore argument.

Par conséquent, je ne veux pas d'équivoque, ce n'était pas un interrogatoire, c'étaient des questions posées au cours de la perquisition ; on disait à un Père : « Qu'est-ce que cette chambre ? Qui l'habite ? » Et il répondait comme il voulait.

Le P. Picard. — Lorsqu'on a fait les perquisitions, on s'est conduit parfaitement, à la rue François-Ier ; mais on n'a pas été aussi correct à Livry. On est venu le matin, bousculant toutes choses, et je crois que, dans des circonstances semblables, les propriétaires et les locataires de la maison ne sont pas tenus d'indiquer quels sont les véritables propriétaires et quels sont les vrais locataires de la maison. De plus, ce serait de leur part une véritable indiscrétion que de donner les noms et les qualités des maisons qu'ils connaissent.

Si nous arrivions ainsi brusquement, de manière à intimider, dans une famille, et que nous nous permettions des questions sur le père, la mère, les enfants, les domestiques, on nous répondrait : « Allez vous promener », et on aurait raison, car bien souvent certains hommes, qui n'ont pas la valeur de M. le Procureur de la République, ont paru être des procu-

reurs de la République et sont venus singer les perquisitions.
J'en connais un qui a fait cela dans une de nos maisons. On
l'a expédié rapidement, sans lui donner aucun détail, et je
trouve qu'on a eu raison.

On aurait pu faire la même chose à Livry. On n'a pas agi
ainsi. On a questionné le supérieur de la maison ; à midi, on
s'est retiré, et le soir, on est arrivé brusquement ; on s'est
emparé de l'économe qui, vous le voyez, n'a pas beaucoup de
défense ; on l'a complètement interdit ; on l'a troublé comme
il se trouble en ce moment-ci, et je crois qu'on lui aurait demandé d'aller se pendre, il aurait dit : « Je vais me pendre »,
car il était très troublé.

C'est un excellent enfant qui recueille volontiers ce qui lui
permet d'acheter de la viande et du pain pour les religieux et
les novices qui se trouvent à Livry ; mais si on lui demande
autre chose que les questions qui concernent son économat, il
se troublera toujours et peut-être lui fera-t-on dire des vérités drôles qui ne sont pas des vérités, parce qu'on lui fera
dire ce qu'on voudra.

Le Procureur de la République. — Votre économe a été
élevé sans doute dans vos alumnats, dans vos noviciats ; c'est
une de ces natures pliables que vous préparez à votre gré...

Le P. Picard. — Nous ne lui avons pas appris le mensonge !

C'est pour cela que je m'étonne que M. le Procureur de la
République veuille revenir toujours sur cette insincérité, lorsqu'on a troublé les âmes, et qu'on s'est adressé même à des
enfants dans d'autres maisons pour les questionner et sur leurs
maîtres, et sur leurs condisciples, et sur les personnes qui possèdent et qui sont supérieures de la maison... Ainsi, hier, on a
parlé des Pères de Clarmarais. Eh bien ! M. le Procureur de
la République a trouvé que le P. Édouard a dit le contraire de la

vérité ; le directeur de la maison, c'est M. Engrand. Vous avez trouvé que le P. Édouard était le supérieur de la maison, mais il n'est pas directeur du collège, c'est M. Engrand, et il aurait dû vous répondre cela ; seulement il n'était pas chargé de dire à des perquisitionneurs quels étaient l'organisation, la composition et le développement de la maison.

Mᵉ Bazire. — Et les perquisitionnés ont bien le droit de faire aux perquisitionneurs des réponses que je ne trouve pas dépourvues d'esprit et que M. le Procureur de la République appelle des réticences.

Le P. Gerbier. — On a beaucoup discuté sur le trouble du P. Hilaire. Eh bien ! on a prononcé devant lui le nom du P. Picard. Vous comprendrez que le nom d'un supérieur général, pour nous, c'est le nom d'un père, et quand la justice humaine met en question le nom de notre Père, je crois qu'il est permis d'être ému et d'avoir un peu son cœur agité, surtout quand on sait qu'on n'est pas obligé de répondre, alors le silence n'est pas un manque de franchise.

On nous a traités, hier, de menteurs, de fourbes. Ah ! certes, mon âme s'est indignée. Mais vous comprendrez très bien que le cœur d'un fils doit être indigné et ému quand on vient le questionner, lui, sur les agissements et les qualités de son père, pour lequel il a une profonde vénération.

C'est tout ce que je voulais dire.

Déposition de M. Baudon de Mauny

M. Xavier Baudon de Mauny, ingénieur des arts et manufactures, 134, rue de Grenelle.

Mᵉ Delepouve. — Le témoin voudrait-il s'expliquer sur la

contre-lettre qui a été saisie lors de la perquisition faite chez le P. Hippolyte, sur le caractère qu'elle a au point de vue du droit de propriété qu'il peut avoir sur l'immeuble de la rue François-Ier?

LE TÉMOIN. — Je suis propriétaire indivis, ainsi que mon frère, d'une partie du terrain de la rue François-Ier et je suis seul propriétaire d'une seconde partie. La première partie du terrain dont je parle a été achetée par mon père le 12 décembre; la seconde partie a été achetée par moi au mois d'août 1897. Quand mon père a acheté la seconde partie de ce terrain, il avait l'intention de la louer et plus tard même de la céder à l'abbé d'Alezon. M. l'abbé d'Alezon n'ayant pas sans doute les fonds nécessaires, mon père en est resté propriétaire et nous en a transmis la propriété à nous-mêmes; par conséquent, nous sommes actuellement propriétaires de ce terrain dans les mêmes conditions que lui-même.

M. LE PRÉSIDENT. — Voulez-vous me permettre une question complémentaire?

Vous venez de vous expliquer en ce qui concerne les immeubles qui ont été édifiés sur ce terrain...

LE TÉMOIN. — Les immeubles ne m'appartiennent pas; je suis simplement propriétaire du terrain de la rue François-Ier; le terrain a été loué au P. Picard par un bail de 1867 pour une période de dix-huit ans, avec promesse de vente pour 200.000 francs. Cette première partie du terrain avait été achetée pour 171.000 francs; mon père s'en était rendu adjudicataire au moment d'une vente aux enchères des biens de M. le comte de Mac Hardy qui, lui-même, les tenait de la famille Hersant.

M. LE PRÉSIDENT. — Connaissez-vous le propriétaire des immeubles édifiés, des constructions, pas des terrains?

de l'abbé Picard, dont il était l'ami. Par conséquent, j'ai cru devoir respecter ses intentions en agissant de cette façon.

M. Bulot. — Il y a donc cinq cents et quelques mille francs comme valeur de terrain, sur l'ensemble desquels terrains M. l'abbé Picard a fait construire ce qu'il a voulu.

Le Témoin. — Je dois même ajouter autre chose, c'est que M. l'abbé Picard n'avait pas beaucoup de fonds à un certain moment, et que mon père fut obligé de garantir un emprunt, qu'il fit lui-même au Crédit foncier en 1879.

M. Bulot. — Maintenant, pour quel prix cet ensemble de 522.000 francs de terrains est-il loué au P. Picard ?

R. — La première partie du terrain, c'est-à-dire celle qui avait coûté 171.000 francs, a été louée pour 10.000 francs, la seconde est louée pour 9.000 francs. C'est évidemment à cause de la baisse de l'intérêt de l'argent.

Me Delepouve. — Le témoin affirme donc que ni le P. d'Alezon ni le P. Picard ne se sont rendus acquéreurs de l'immeuble, et il affirme également, sous la foi du serment, que la propriété louée au P. Picard est bien, en ce qui concerne le terrain, sa propriété personnelle ?

R. — Parfaitement.

Me Delepouve. — Il affirme qu'il a fait cette promesse de la céder au P. Picard moyennant le prix convenu, si le P. Picard réclamait l'exécution de la promesse de vente.

Le Témoin. — Parfaitement.

M. le Président. — Le prix convenu était, je crois, de 200.000 francs pour la partie indivise ?

Le Témoin. — Oui, c'est-à-dire celle que mon père avait achetée.

M. le Président. — A-t-il été convenu un autre prix pour l'autre partie ?

Le Témoin. — Pour les raisons que je vous ai indiquées, il ne voulait pas faire de cela une question de spéculation.

M. Bulot. — Quand vous avez acquis soit la première partie du terrain, soit la seconde, est-ce que le passage qui communique avec le 15 de l'avenue d'Antin existait?

Le Témoin. — Le passage existait dès le début. Dans l'acte d'achat de 1860, il est très longuement question de ce passage. Il faut vous dire, pour vous expliquer la raison d'être de ce passage, que ce terrain formait auparavant une plus vaste superficie, une étendue d'environ 6.674 mètres, je crois, et qu'ils appartenaient à la famille Hersant. Lorsque cette famille mit en vente ces terrains, plusieurs personnes les achetèrent, entre autres M. le comte de Mac Hardy, un M. Jackson et plusieurs autres personnes; par conséquent, on crut nécessaire de réserver un passage commun, pour desservir l'intérieur de ce terrain qui, sans cela, se serait trouvé enclavé.

M. Bulot. — Je vous remercie.

Me Delepouve. — Le passage est donc commun à plusieurs personnes?

Le Témoin. — J'ai même, dans tout le dossier relatif à ce terrain, de nombreuses lettres dans lesquelles il est question de ce passage, notamment toute une négociation avec le comte et la comtesse de Mac Hardy, qui possédaient un terrain d'environ 120 mètres adjacent au terrain qui m'appartient; il y eut alors une négociation entre mon père et eux pour faire un échange, afin de mieux organiser ces deux propriétés. Il a été très longuement question de ce passage commun.

M. Bulot. — Il est très ancien?

Le Témoin. — Il date de 1860. Il en est également question dans des lettres de mon père à M. de Mortemar. Ce passage était nécessaire pour dégager la propriété de M. Laurent à qui j'ai acheté la seconde parcelle, et qui autrement n'aurait eu de sortie nulle part.

Déposition de M. Bouvatier, ancien député

M. Bouvatier, rédacteur à la *Croix*, vient à la barre.

M. LE PRÉSIDENT. — Sur quel point le témoin doit-il être interrogé ?

LE P. BAILLY. — J'ai demandé à M. Bouvatier, rédacteur politique de la *Croix*, de venir comme témoin parce qu'il a été dit dans les interrogatoires que la *Croix* est une œuvre différente des autres journaux, que la *Croix* était rédigée par une congrégation qui avait la main dessus et qu'elle constituait une organisation pour toute la France. J'ai pensé que M. Bouvatier, par son honorabilité, par son titre d'ancien député, par la fonction qu'il a d'ailleurs remplie dans la presse, pouvait éclairer le Tribunal sur la situation de la *Croix*, sur la façon dont elle se rédige et sur le rôle qu'il y a joué.

LE TÉMOIN. — Appelé, en effet, vers la fin de novembre 1897 par le P. Bailly à traiter les questions politiques dans la *Croix*, je suis entré dans ce journal et j'y ai vécu comme dans tout autre journal, avec cette différence toutefois que notre directeur, étant porté plutôt vers les prières que vers la politique, m'a laissé plus de liberté que je n'aurais pu en trouver chez un autre directeur.

En définitive, j'écris chaque jour dans la *Croix* mes opinions politiques personnelles qui deviennent les opinions politiques de la *Croix*, avec l'approbation qu'elles reçoivent de son directeur le P. Bailly. Il me paraît, d'ailleurs, évident que

n'avez pas à la juger : mais je dis qu'elle est telle et que quiconque dit qu'elle est autre la dénature singulièrement. C'est dénaturer la *Croix* d'une façon singulière à mes yeux et d'une manière étrange que de la représenter comme un organe dangereux pour la sécurité de l'État, au lendemain même d'une période de cinq années qu'elle a consacrée à soutenir trois ministères républicains : le premier, le ministère Casimir-Perier ; le second, le ministère Dupuy ; enfin le ministère Méline pendant deux ans.

Voilà, Messieurs, ce que j'avais à vous dire, je suis tout prêt à répondre aux questions qu'on voudra bien me poser en outre.

M. LE PRÉSIDENT. — Avez-vous d'autres questions à poser au témoin ?

LE P. BAILLY. — M. Bouvatier a répondu d'avance à d'autres questions que je voulais lui poser.

Déposition de M. Tardif de Moidrey

M. Tardif de Moidrey, ancien avocat général à la Cour de Caen, agriculteur dans l'Eure.

LE TÉMOIN. — Je suis un vieil ami des Pères de l'Assomption ; je suis en grand rapport d'âge avec le P. Picard et avec le P. Bailly. Aussi, quand fut fondée la *Croix*, ma collaboration était tout indiquée ; j'y ai vu le moyen de faire autre chose que de passer toute ma vie à engraisser des bœufs, et en outre la ligne de conduite de la *Croix* me plaisait, elle était la mienne, elle répondait à mes idées politiques, au respect que j'ai pour l'ordre de choses établi, au respect profond que j'ai de la Constitution et à la ferme résolution que j'ai d'attaquer tout ce qui nous paraît être mauvais et de louer, même chez des adversaires, tout ce qui nous semble bon.

Dans ces conditions, j'ai donné toutes les semaines un article à la *Croix*, quelquefois plus. Je crois qu'on désire savoir si j'ai été indépendant dans ma collaboration ; cette indépendance est absolument indiscutable et il me semblerait qu'il suffit de mon ancien caractère d'autrefois (j'ai été vingt ans magistrat) pour l'affirmer et l'attester.

Le P. Bailly est un homme très modéré ; quant à moi, j'ai fait quelques articles qui étaient quelquefois un peu violents (j'avais conservé de mon ancienne profession une manière un peu dure de voir les choses et de les apprécier) (*Rires*), et j'ai tâché de me modérer. C'est ce qu'il faut faire en ce monde, quel que soit l'âge qu'on a.

Je n'ai rien d'autre chose à dire.

LE P. PICARD. — On a parlé, hier, de la question des dépenses et surtout des dépenses du pèlerinage. M. Tardif de Moidrey a bien voulu nous aider dans certaines circonstances, et il y a participé d'une manière toute spéciale. Je pourrais dire qu'avec son frère il a été l'organisateur du grand pèlerinage de Jérusalem ; peut-être pourrait-il édifier ici les juges sur la nécessité de faire des dépenses énormes, sans qu'il reste rien dans la caisse de la communauté.

LE TÉMOIN. — Je le ferai d'autant plus volontiers que le P. Picard me rappelle une des plus belles pages de ma vie. Nous étions jeunes à ce moment-là. Nous avions vingt ans de moins, et si les forces ont baissé, le cœur est resté. Il s'est agi, il y a vingt ans, de cette grande œuvre de pèlerinage, œuvre nationale par excellence, car il s'agissait de reprendre les vieilles traditions de saint Louis, je puis le dire (tout en respectant le gouvernement actuel), et nous avons été soutenus par le

Messieurs, je vous parle avec une entière conviction. J'ai v
ce qu'étaient les Pères de l'Assomption. Je sais ce qu'ils m'o
demandé ou ce qu'ils n'ont pas demandé dans ma collaboratic
à la *Croix*, et je sais qu'ils m'ont laissé une liberté entièr

Quant à découvrir que je pouvais, sans m'en douter, fai
partie d'une association destinée à renverser la force du gou
vernement établi, j'avoue que je tombe de mon haut ! Ce n'e
pas à un ancien magistrat qu'on demande de ces choses-là ! J'
conservé de mes idées de la magistrature un esprit d'indépen
dance qui m'a empêché de m'affilier à quoi que ce soit. Aus
resterai-je ce que je suis, indépendant, et si (je vous le d
sous la foi du serment) je m'étais aperçu qu'il y eût une te
dance du genre de celle qu'on allègue aujourd'hui, immédiat
ment je serais parti.

Le P. Hippolyte. — Voulez-vous demander au témoin s'
n'a pas provoqué la fondation d'une petite feuille agricole
côté de la *Croix*, le *Pèlerin?*

Le Témoin. — Oui, j'ai fondé une petite feuille agricole qu
s'appelait originairement le *Pèlerin laboureur*. Nous reve
nions à ce moment-là de Jérusalem. On a transformé cett
feuille en une feuille agricole bien faite, donnant toutes sortes d
renseignements et qui s'appelle tout simplement le *Laboureur*

Le P. Hippolyte. — Le témoin ne pourrait-il pas dire s
le prévenu Philippe n'a pas été collaborateur à cette feuill
agricole, quoique habitant dans sa famille, et pendant plusieurs
années ?

Le Témoin. — Parfaitement, je lui ai même refusé beau
coup de copie. (*Rires.*)

Le P. Picard. — M. Tardif de Moidrey a concouru à ce pèle
rinage de Jérusalem ; ne pourrait-il pas dire que, à propos de
ces pèlerinages de Jérusalem et même de Lourdes, nous dé-

quement les documents qui pouvaient avoir un intérêt direct à la démonstration que nous avions à faire : d'une part, que cette Congrégation constituait une association illicite de plus de vingt personnes, et, d'autre part, que cette association, qui n'avait pas d'autorisation du gouvernement, était une association qui s'occupait d'objets politiques.

Par conséquent, avec une discrétion dont je le félicite, M. Péchard, comme d'ailleurs tous les officiers de police judiciaire qui ont eu à pratiquer ces perquisitions, s'est abstenu, entre autres choses, de lire les testaments nombreux qu'il a découverts, et quand il en a ouvert quelques-uns, pour vérifier la nature de ces documents, s'il a pu retenir les noms et des testateurs et des prêtres bénéficiaires, il ne vous en a pas dit un mot. Il vous a signalé des pièces, mais on ne vous a dénoncé ni les noms des testateurs, ni les noms des légataires ; il s'est aussi abstenu de lire les lettres d'un caractère intime et particulier, étrangères à l'affaire.

J'ai été heureux d'entendre, hier, le P. Picard rendre cet hommage aux officiers de police judiciaire, tout en se plaignant avec beaucoup de véhémence qu'on eût fouillé dans les papiers de la communauté et des divers immeubles qu'elle possède, dans les divers établissements dans lesquels on a perquisitionné. Il a dû reconnaître que je n'avais pas versé aux débats des lettres intimes émanant d'un très grand nombre de dames, de femmes qui sont les correspondantes de l'Assomption.

Nos officiers de police judiciaire se sont tenus dans la limite de la commission rogatoire qui les avait chargés de perquisitionner, et, dans ces limites, ils ont été amenés à saisir, par exemple, les listes très nombreuses de dames qui font partie des comités divers que j'énumérais hier : Notre-Dame-du-Salut, le Comité Jeanne-d'Arc, le Comité de l'*Ave Maria*. J'ai eu,

Messieurs, la discrétion bien naturelle, et dont je ne me vante pas, de ne pas vous donner ces noms, et je ne vous les donnerai pas.

Ils ont saisi dans les mêmes conditions toutes ces feuilles de dizainières, surtout dans la Gironde, à Bordeaux. Je ne vous ai pas donné ces noms, Messieurs; mais tout cela était dans la limite du mandat qu'ils avaient reçu de M. le Juge d'instruction.

M. Péchard a perquisitionné dans la cellule du P. Hippolyte, il affirme sous la foi du serment qu'il a découvert, dans des conditions que vous connaissez, des sommes dont le chiffre ne peut pas être évalué en francs et en centimes. Il vous dit : j'ai trouvé une serviette, une sorte de pochette...

Le P. Hippolyte. — Une pochette qui n'a jamais existé !

M. Bulot. — C'est une affaire entendue, le Tribunal appréciera ; ce n'est d'ailleurs pas un grief. Je me suis, du reste, expliqué sur ce point et, puisque vous y tenez, j'affirme que moi je passerais volontiers condamnation.

Il le dit sous la foi du serment, il n'a aucun intérêt à le dire, et c'est ce sur quoi j'insisterai en terminant sur cet incident ; il a trouvé une pochette renfermant des liasses de billets de banque de 1.000 francs. Il ne les a pas comptés; cette pochette représentait comme grosseur, comme épaisseur à peu près deux volumes de la librairie Charpentier, ces volumes à 3 fr. 50... ils étaient à 2 fr. 75 il y a quelque temps, et maintenant le libraire les vend 3 francs. Cela représente, en effet, à peu près les huit cents pages nécessaires pour faire les huit cents billets de 1.000 francs. M. Péchard ne les a pas comptés, et il le déclare avec une loyauté qu'il faut bien cependant reconnaître.

Comment a-t-il pu dire que cela faisait 800.000 francs?

Car à côté de cela, il y avait encore des liasses de titres considérables.

Vous savez, par ce que je vous ai dit hier, que ces messieurs se font déposer des titres, ils préfèrent cela à des testaments ; ils aiment mieux qu'on donne de son vivant, qu'on dépose les titres entre les mains de la communauté, sauf à servir une rente à ceux qui ont déposé les titres, pour être bien sûrs de les garder après la mort.

Eh bien, il trouve là un paquet de titres, il l'évalue à 3 ou 400.000 francs. Je déclare à M. Péchard, et j'autorise les Pères de l'Assomption à en prendre acte, que je ne comprends pas son évaluation. Le P. Hippolyte, dans son interrogatoire, a dit qu'il y en avait à peu près pour 130.000 francs. Si le P. Hippolyte dit la vérité, c'est possible, il peut avoir aussi bien et mieux raison que M. Péchard. Il y a, en effet, une observation qui vient à l'esprit de l'homme le moins observateur : c'est qu'une feuille de papier peut représenter 400.000 francs en un titre, et qu'au contraire un très gros paquet de titres, s'ils viennent surtout de certaines sociétés, peut ne rien représenter du tout. Par conséquent, en ce qui me concerne, je fais bien volontiers la concession que les titres ne représentaient que 130.000 francs.

Voilà, Messieurs, ce que dit M. Péchard, je le répète et j'y insiste, sans aucune espèce d'intérêt.

On incrimine le juge d'instruction parce que, mis au courant de cette découverte et alors que tout le monde parlait, il n'a pas cru devoir étendre les termes de la commission rogatoire : C'est que, pour lui, cela n'avait pas une gravité considérable, ce n'était pas son affaire et il n'a pas modifié les termes de sa commission rogatoire. Il a seulement dit à M. Péchard : « Il faut le dire puisque vous l'avez vu. » Et M. Péchard l'a dit dans le procès-verbal 1.

Qu'est-ce donc que le procès-verbal 1 ? M. Péchard, en présence de l'inculpé, dresse procès-verbal de saisie, et cela contradictoirement avec l'inculpé, à qui il fait signer le procès-verbal. Il en fait deux, trois, quatre s'il y a lieu, il rentre à son commissariat ou il prépare sa procédure, et tous les procès-verbaux sont numérotés non pas 1, 2, 3, mais 2, 3, 4, parce que le procès-verbal 1 renferme tout le récit de la procédure. C'est ainsi que dans le procès-verbal 1 on voit : « Nous nous sommes présenté à 8 heures, à 8 heures et quart, nous sommes allé dans tel endroit ; à 9 heures nous avons fait telle chose, à 10 heures nous avons dressé procès-verbal n° 2 ; nous avons fait des scellés et nous les avons fait signer par l'inculpé ; à midi nous avons visité encore quinze cellules. » Puis, il signe.

Voilà ce qu'a fait M. Péchard.

Quand a-t-il fait ce procès-verbal n° 1 ? Il l'a fait le jour même, et le soir le juge d'instruction avait ses procès-verbaux comme il avait ceux de tous les autres commissaires de police — ils étaient dix en tout — qui avaient procédé aux perquisitions à Paris. Voilà, Messieurs, l'incident.

En réponse à cela, qu'avons-nous ? Les déclarations du P. Hippolyte, très nettes, très formelles. Il proteste avec une énergie, une véhémence, une vivacité qui ne sont vraiment pas de son âge ; il retrouve une vigueur physique en rapport avec sa vigueur morale. Le P. Hippolyte proteste.

On dit que j'outrage les Pères lorsque, voyant qu'ils ont un intérêt quelconque à ne pas dire la vérité, je suppose qu'ils s'en tirent par une réticence. « Une réticence », ce n'est pas moi qui ai inventé le mot : c'est le Père qui a été l'objet de la perquisition dont je vous parlais hier, dans l'établissement près de Saintes, je crois. Ce Père, à qui on fait remarquer qu'il commet ce que nous appelons dans le langage courant un mensonge, répond : Un mensonge ? Non, une réticence.

Ce n'est donc pas moi qui ai inventé la réticence.

Ces messieurs croient la réticence permise. Le curé de Clairmarais, qui est un Père de l'Assomption, se présente comme un prêtre de la campagne, ne revendique pas la qualité de Père de l'Assomption : réticence.

Que voulez-vous, Messieurs, je suis bien obligé de prendre ces messieurs comme ils se présentent.

Le P. Picard vous a dit, parlant de l'économe de Livry : Ah ! c'est un enfant... Un enfant d'un certain âge, un enfant qui a dû passer par vos noviciats, vos alumnats, et qui, s'il a une telle facilité à dissimuler la vérité, le doit peut-être à ce qu'il a une nature *pliable* et qu'il est un de ceux dont vous avez façonné le cerveau : ne vous plaignez donc pas s'il est faible. Vous l'avez entendu, la sténographie l'a recueilli, il a dit : Aujourd'hui, j'ai dit la vérité parce que j'ai prêté serment...

LE P. PICARD. — Nous ne l'avons pas façonné à dire des mensonges ; or, les mensonges, nous les avons entendus hier toute la soirée...

M. LE PROCUREUR DE LA RÉPUBLIQUE. — C'est entendu. Je vous remercie ; vous pourrez continuer à m'insulter, je ne relèverai pas vos insultes.

Voilà donc, Messieurs, le témoignage du commissaire de police qu'on discutera.

Vous voyez le P. Canouël qui dit : Je dis la vérité quand j'ai prêté serment.

Eh bien ! Messieurs, ces messieurs ont-ils un intérêt à nier

paie ? » Et c'est grâce à cette question que ces gens qui ne paraissent pas avoir compris répondent : Oui.

Voilà, Messieurs, ce que vous avez entendu. Eh bien ! je vous dis, moi, que vous apprécierez l'incident Péchard des 1.800.000 francs. Mais à l'heure actuelle, au point où nous en sommes arrivés, maintenant que vous connaissez la Congrégation, ses ressources, ses dépenses, je vous dis que cet incident m'est complètement indifférent. Mais je ne ferai pas l'injure à M. Péchard, à M. Breton, à M. Hamard, à d'autres témoins que vous avez entendus, de croire qu'ils ont, sans intérêt appréciable, sans qu'on puisse comprendre à quel mobile ils obéiraient.— quand on comprend si bien à quelle idée obéissent les prévenus,— fait un faux témoignage sous la foi du serment. Vous apprécierez.

Hier, je vous ai dit que, faisant mon exposé, j'avais l'intention de permettre aux prévenus de s'expliquer très nettement sur chacun des points que je soumettais à votre attention. A la fin j'ai été interrompu, je crois que c'est par le P. Adéodat, sur une citation faite. J'ai parlé d'une brochure de M. Maurice de Braye, un monsieur que nous ne connaissons pas autrement, qui habite la province je ne sais trop où. On m'a dit : Qu'est-ce que c'est que cette brochure ? elle n'émane pas de nous. Messieurs, j'avais si mal compris la protestation, que je me suis dit : Est-ce que je n'aurais pas vu qu'il s'agissait de quelque imprimé en dehors de la maison ? Dès le cours de l'audience, Messieurs, nous avons appris qu'il s'agissait bien d'une publication imprimée, 8, rue François-Ier.

Alors le P. Adéodat de dire : « C'est entendu, chez nous, nous sommes imprimeurs, mais nous ne sommes pas pour cela responsables de ce que nous imprimons, l'imprimeur ne partage pas toutes les idées des auteurs dont il imprime les œuvres ».

Parfait, disais-je.

Mais, Messieurs, je retire cependant cette partie des excuses que j'avais faites. J'ai, en effet, recherché le scellé, parce qu'il n'y a rien de tel, même au milieu de toutes les réticences les plus excusables, que de se reporter aux pièces.

Eh bien ! il s'agit d'une brochure de propagande du comité d'action électorale catholique ; elle porte en toutes lettres ce cachet imprimé ; c'est une brochure de l'action électorale catholique, comité Justice-Égalité, Paris, 8, rue François-Ier.

Ah ! alors, j'ai peut-être maintenant le droit de dire que ces messieurs, tout comme pour la chanson que je vous signalais hier et qu'ils avaient empruntée à un autre journal, en ont accepté, sinon par la Congrégation directement, du moins par la propagande électorale, la responsabilité, et je retiens cette brochure au débat. Je maintiens ce que j'ai dit, et je vous rappelle que dans cette brochure on voit nettement surgir ce procédé que nous avons vu depuis deux ans fleurir et s'étaler, c'est le cas de le dire, sur nos murs et même sur les portes du prétoire : ces petites étiquettes gommées qu'on colle prestement en passant.

Je retiens cet incident, car je tiens à démontrer que je n'ai rien dit hier que j'aie inventé. J'ai été tout le temps d'une modestie rare chez un homme qui manie la parole : j'ai tout le temps passé la parole à mes adversaires. J'avais oublié deux pièces, qui sont cependant d'un intérêt considérable. En voici une, et pour qu'on ne me la discute plus, j'ai apporté le scellé :

« Lire, relire, propager. »

Ce document a été saisi à Bordeaux.

« Pour renseignements, s'adresser au secrétaire-trésorier

du comité de la *Croix*, religieux des Augustins de l'Assomption, à l'Alhambra, 24, rue d'Alezon. »

Eh bien ! vous allez voir ce que ce mélange bizarre de la religion et de la politique amène à faire les hommes les mieux disposés au début — je veux le croire — et les mieux intentionnés.

Savez-vous quels singuliers conseils ces religieux vont donner au point de vue de la propagande de l'action électorale par la presse ? Ils vont dire que c'est une œuvre excellente — ils l'ont déjà dit très souvent et je ne reviens pas là-dessus — qu'elle est tellement supérieure à tout ce qu'on peut faire qu'il faut y consacrer toutes ses ressources. Écoutez-le, Messieurs, je vais le lire, et vous allez voir que je n'exagère pas.

« Il faut cesser de faire la charité, il ne faut plus employer son argent en aumônes, il faut tout consacrer à la presse, il faut sauver les âmes; il est tout à fait inutile de sauver les corps. »

Voici une partie de cette brochure.

Le P. Picard. — Est-elle d'un religieux ?

M. le Procureur de la République. — Elle est anonyme, comme beaucoup de choses de votre maison ; elle est signée — vous savez ce que cela veut dire — Miriam. Je ne sais si Miriam est parmi vous. Mais ce qui est intéressant, c'est que cette brochure de propagande est rédigée avec l'en-tête :

« Lire, faire lire, propager. L'apostolat de la Presse. »

C'est intéressant, et j'imagine que ceux qui voient : « Lire, faire lire et propager », font lire, relire et propager à leur tour. Or, pour cette propagande, où faut-il s'adresser :

« S'adresser au secrétaire-trésorier du Comité de la *Croix*, religieux des Augustins de l'Assomption, à l'Alhambra, 24, rue d'Alezon. »

Et maintenant, je lis — je vous assure que je ne veux pas faire d'équivoque :

« Ah ! si j'avais su plus tôt ! Que d'argent j'ai inutilement dépensé sans faire avancer d'un pas la bonne cause ! Merci, mon Dieu ! d'avoir mis entre mes mains ce précieux instrument d'apostolat. Jusqu'à présent, je m'étais borné à secourir les misères matérielles, à orner, à embellir la maison de Dieu ! à faciliter l'érection de nouveaux sanctuaires. Je m'aperçois enfin, après y avoir dépensé le plus clair de mes revenus, que s'il y a dans ma paroisse plusieurs pauvres de moins, il n'y a pas un chrétien de plus.

« Pendant que je soulageais les corps, le mauvais journal assassinait les âmes. A mesure que j'embellissais la maison de Dieu, il défigurait et souillait celles qui, par vocation, doivent être les sanctuaires vivants de la divinité.

« Arrière donc la vieille tactique, naïve et généreuse, mais trop souvent inféconde ! Je répandrai le journal chrétien par tous les moyens, je m'y abonnerai, je le prêcherai ouvertement, je le donnerai. Comme cet excellent curé qui en fit le premier l'expérience, je remplacerai les *miches de pain* par les numéros de la *Croix*. Je substituerai au froment de la terre qui soutient le corps, le froment divin de la vérité qui délivre les âmes et que la *Croix* apporte à ses lecteurs dans les bras du crucifix dont elle a fait son drapeau. »

Ah ! que c'est plein de charité chrétienne !... Arrière la vieille tactique naïve et généreuse ! Arrière les traditions des congrégations qui élevaient des chapelles ! Arrière ces misérables qui donnaient aux pauvres et qui, recueillant ces aumônes immenses, avaient des millions avec lesquels ils pouvaient les aider à supporter les souffrances humaines ! Arrière tout cela ! nous n'en voulons plus ! la tactique que nous vous recommandons est celle qu'on enseigne à l'Alhambra, chez le secrétaire de la *Croix*, Père de l'Assomption. Plus de dons aux pauvres, tout au journal !

Tenez, Messieurs, dans cette même pièce — je vais finir par là — je relève cette singulière lettre du P. Ignace. Ah ! celle-ci, elle est authentique : elle n'est pas imprimée. Le P. Ignace écrit à un de ses amis ; cette lettre a été insérée dans mon réquisitoire écrit, mais j'éprouve le besoin — elle est très courte — de la remettre sous vos yeux :

« Monsieur le Vicomte,

« La Providence ne m'a pas procuré la joie et l'honneur de vous rencontrer ; deux fois de suite : déception. Je vous aurais donné des nouvelles de votre ami, le P. Picard ; et puis, en son nom, je me serais encore permis de vous demander la charité d'une demi-barrique de vin très ordinaire — juste de quoi prendre les forces nécessaires pour donner quelques bons coups de poings aux infâmes gendarmes qui viendront sans doute bientôt nous chasser. Quoi qu'en puisse écrire la sale *Gironde*, nous sommes très pauvres. La preuve, la voici : Vive la pauvreté ! Vive la joie ! Vive l'Assomption et ses généreux amis ! Ayez la bonté de dire au P. Xavier que vous accepterez à nouveau d'être l'ange de la Providence, et veuillez agréer, cher Monsieur le Vicomte, l'hommage de mes sentiments respectueux et reconnaissants.

« Signé : P. Ignace. »

C'est encore une forme de la charité chrétienne de ces messieurs : ils vont refuser le pain aux pauvres pour leur donner le pain de l'âme dans la *Croix* ; quant aux gendarmes, ces anciens soldats d'élite, les meilleurs, eh bien ! « Vive l'armée ! » nous les recevrons à coups de poings, et pour nous y bien disposer, envoyez-nous une demi-barrique de vin très ordinaire... (*Rires.*)

Un dernier mot, et j'arrive à la question de droit. Je viens de vous montrer, Messieurs, ce que ce mélange hybride de la politique et de la religion arrivait à produire, je le répète, dans les esprits les mieux intentionnés au début. Car je suis encore convaincu que ces messieurs au début, il y a cinquante ans, n'avaient point entrevu le point d'arrivée, je suis convaincu qu'ils n'avaient point entrevu qu'une fois pris dans l'engrenage ils en arriveraient à oublier leur caractère sacré et par se conduire comme de vulgaires profanes.

Ils auraient dû y penser, ils n'y ont pas pensé, et dans le chapitre général de 1892 le P. Picard, rappelant les origines de l'œuvre et les vœux du P. d'Alezon, rappelait ceci. Cela se trouve dans le fameux interrogatoire du P. Picard, qu'il a subi sans y répondre. Le juge d'instruction lui dit, soulignant précisément le caractère du vœu, sur lequel l'attire son attention :

« Le chapitre vote le projet d'un quatrième vœu ainsi formulé : Je m'engage à étendre le règne de Jésus-Christ dans les âmes par la lutte contre la Révolution et les sociétés secrètes et même par les missions étrangères. Ici l'approbation du saint-siège n'est pas encore intervenue, mais ces principes de constitutions ne sont pas encore approuvés, vous ne pouvez nier qu'ils font partie des règles suivies par votre Institut. »

En effet, Messieurs, comme je vous le disais hier, ces messieurs ont des règles qui, paraît-il, ne les lient pas, nous a dit le P. Picard, parce qu'elles ne sont pas encore approuvées, et, par conséquent, ils conservent une certaine indépendance.

Ils ont des règles et des vœux. Eh bien ! j'imagine que lorsqu'ils ont prononcé ces vœux et accepté ces règles, leurs vœux, en même temps qu'ils sont des vœux religieux, sont, vous le voyez par ce passage, en réalité, si on peut employer ce barbarisme, des vœux politiques.

Enfin, dernier caractère, ils n'ont pas l'autorisation du gouvernement.

Il semblerait, Messieurs, que je puisse m'arrêter là, que j'aie fait la démonstration que j'avais à faire ; il n'en est rien. On contestera que la loi leur soit applicable. Examinons pourquoi.

Ici, je désire ne point être accusé d'affaiblir dans une mesure quelconque le raisonnement juridique qu'ils pourront présenter à l'appui de leurs prétentions. La raison pour laquelle l'article 291 et la loi de 1834 ne seraient pas applicables aux congrégations est donnée par nombre d'autorités. Je vais emprunter aux plus connues le système juridique qu'on m'oppose et je vais mettre le texte même sous vos yeux pour qu'on ne puisse pas m'accuser d'essayer de l'affaiblir en le reproduisant moi-même. Voici, par exemple, les raisons qu'en donne M. de Vatimesnil dans la consultation delivrée par lui en 1845 :

« Nous nous servons du mot loi sur les associations pour désigner l'ensemble des dispositions contenues dans les articles 291 et suivants et dans la loi du 10 avril 1834.

« Il suffit de lire ces textes pour se convaincre que, dans la pensée du législateur, ils forment un code complet des associations. On a entendu tout comprendre, et notamment les associations qui s'occupent des objets religieux ; ce mot est écrit en toutes lettres dans l'article 291.

« Mais les auteurs du Code pénal n'ont pas entendu que toute association aurait besoin d'autorisation, et, à défaut de cette autorisation, constituerait un délit.

« L'article 291 ne soumet à l'autorisation et ne punit, en cas d'absence de cette autorisation, que les associations de plus de vingt personnes, puisqu'il ajoute : « *Dans le nombre des personnes indiquées par le présent article, ne sont pas*

comprises celles domiciliées dans la maison où l'association se réunit. »

Vous verrez, Messieurs, que tous les auteurs qui présentent la thèse admise par les prévenus, et je le comprends,
font reposer toute la discussion sur ces quelques mots.
M. de Vatimesnil continue :

« Il suit évidemment de ce texte, qu'on ne doit compter que
les personnes du dehors, et que, par conséquent, une association qui se compose exclusivement de personnes domiciliées
dans la maison n'a pas besoin d'autorisation, lors même que
ces personnes domiciliées seraient au nombre de plus de vingt.
« Le Code pénal et la loi de 1834 n'ont vu de danger que
dans les réunions composées d'individus appartenant à des
situations sociales diverses, qui se réunissent dans un but
commun et qui vont ensuite porter, dans les relations ordinaires
de la vie, l'esprit qu'ils ont puisé ou les projets qu'ils ont formés
dans ces conciliabules. Il n'en a pas vu dans les agrégations
de personnes qui s'associent pour habiter sous le même toit.
« La loi sur les associations divise donc, par la force même
des choses, les associations en licites et en illicites.
« L'association illicite est celle qui, n'ayant pas obtenu
d'autorisation, se compose de vingt personnes non domiciliées
dans la maison où elle se réunit.
« Tout autre association est licite ; elle est protégée par le
principe que l'association est de droit naturel, et que tout ce
que la loi n'interdit pas est permis.
« Or, les Congrégations religieuses sont exclusivement composées de personnes domiciliées dans la maison ; donc, elles se
trouvent rangées dans la catégorie des associations licites ; et
s'il existait une loi antérieure qui les prohibât et en ordon-
nât la dissolution, cette loi est implicitement, mais nécessairement abrogée. Cette vérité est d'autant plus évidente que
l'article 292 du Code pénal parle aussi de la dissolution ; il
porte : « Toute association, de la nature ci-dessus exprimée,
qui sera formée sans autorisation, sera dissoute. » La dissolu-

tion ne peut donc être opérée qu'à l'égard des associations de la nature exprimée dans l'article 291 et dans la loi de 1834 ; et comme les associations qui ne se composent que de personnes domiciliées dans la maison ne sont pas de la nature exprimée dans cet article, il en résulte qu'elles ne peuvent être dissoutes.

« Les mots personnes domiciliées dans la maison ont singulièrement embarrassé l'honorable M. Thiers ; et l'unique explication qu'il ait pu trouver pour les concilier avec son système a été celle-ci : « Les personnes que l'on a voulu exclure par ces expressions, ce sont tout simplement les gens de service dans la maison. »

« Nous osons dire qu'aucun criminaliste n'adoptera un tel commentaire de la loi ; car il consiste à distinguer où le législateur n'a pas distingué ; il limite d'une manière inadmissible le sens général des mots personnes domiciliées dans la maison à des valets ou à des portiers ; il aggrave arbitrairement la rigueur du texte, ce qui est intolérable en matière pénale ; et enfin il constitue un véritable non-sens, puisqu'il est évident que des gens de service, qui ne font pas partie de l'association, ne peuvent pas être comptés dans le nombre déterminé par l'article 291, soit qu'ils habitent la maison, soit qu'ils ne l'habitent pas ; en sorte que la loi, si elle devait être entendue ainsi, aurait dit une de ces choses tellement inutiles qu'elles sont voisines du ridicule. »

M. de Vatimesnil n'est pas tendre pour M. Thiers.

« Il paraît que quelques députés, croyant voir un trait de lumière dans la traduction des mots personnes domiciliées, par les mots gens de service, se sont écriés tout à coup : C'est évident. Nous osons croire que, parmi les députés qui ont fait entendre cette exclamation, il y avait peu de jurisconsultes. »

Voilà, Messieurs, l'opinion de M. de Vatimesnil. Cette opinion, vous allez la voir confirmée par le barreau de Caen qui donne une consultation d'adhésion à la consultation de M. de Vatimesnil. En 1845, une grande partie du barreau de

Caen éprouvait le besoin de donner un avis favorable. Voici comment ces jurisconsultes — vous savez que Caen est le berceau des jurisconsultes — formulent, un peu plus brièvement d'ailleurs, leur opinion juridique:

Après avoir dit que les associations de plus de vingt personnes, dont il s'occupe, ne pourront se former sans l'autorisation du gouvernement, il ajoute aussitôt:

« Dans le nombre des personnes indiquées par le présent article ne sont pas comprises celles domiciliées dans la maison où l'Association se réunit.

« Celles domiciliées... cela dit tout; il ne s'agit ni de compter les individus, ni de voir à quel titre ils demeurent ensemble. Quelque nombreux qu'ils soient, le respect dû aux pénates les protège et les soustrait à toute investigation préventive. Soumis aux lois générales de l'État et aux règlements municipaux, ils peuvent suivre le régime intérieur qui leur convient. Cet essor laissé au droit de cohabitation n'a rien de dangereux. La vie commune entre plus de vingt personnes n'est possible qu'à des conditions rassurantes pour l'autorité publique la plus ombrageuse. Elle soumet la volonté individuelle à des sacrifices dont l'exemple sera peu suivi. La maison plus vaste ne peut avoir d'ailleurs qu'un nombre restreint d'habitants. Est-ce dans le calme de la vie de famille que les passions désorganisatrices naissent et se développent? Est-ce là ce qui peut égarer la multitude et fomenter ces entraînements populaires faciles au milieu d'une nation impressionnable et ardente?

« Reconnue licite par le Code pénal, la cohabitation entre associés n'a pas depuis changé de caractère.

« Qu'a voulu la loi du 10 avril 1834? Atteindre les associations politiques devenues menaçantes; déjouer leurs ruses et leurs mensonges; donner contre elles une sanction efficace aux prohibitions législatives; punir les simples associés comme les chefs; élever les peines d'amende à l'emprisonnement pendant deux mois; substituer les Tribunaux correctionnels au jury; détruire enfin cette société fameuse des Droits de l'homme

« celles dont les membres n'ont pas à se réunir à certains
« jours, vivant toujours réunis, le législateur ne s'en occupe
« pas ou plutôt il ne s'en occupe que pour les mettre en
« dehors de toute responsabilité et de toutes recherches,
« puisque, quand il les trouve mêlés aux membres d'une asso-
« ciation nomade à laquelle ils offrent une hospitalité momen-
« tanée, il déclare qu'il n'en sera pas fait compte. Quelle est
« la différence capitale ? »

« Elle est dans la nature même des choses et dans les conditions essentielles du délit poursuivi.

« En effet, des réunions qui amènent sur un point donné et
à une heure donnée un certain nombre de personnes quittant
leurs affaires et leur domicile, peuvent être de nature, si ce
nombre dépasse un certain chiffre, à troubler l'ordre de la
cité. Cette proposition ne se justifie que trop par elle-même
et n'a besoin d'être ni démontrée ni développée. En est-il de
même pour les personnes réunies sous le même toit à perpé-
tuelle demeure ? Celles-là, outre qu'elles sont protégées par
l'inviolabilité du domicile, n'offrent-elles pas, par ce fait de
la cohabitation permanente, la plus efficace des garanties ? Si
l'on peut se réunir accidentellement hors de sa demeure habi-
tuelle et en vue d'une œuvre suspecte et dans des conditions
qui peuvent compromettre la tranquillité publique, est-il possible de former le vœu de vivre toujours ensemble et de ne
faire qu'une seule famille, dans un autre but que de prier ou
de travailler en commun, ce qui n'a jamais pu être considéré
comme un délit. »

Enfin, Messieurs, et vous ne vous en étonnerez pas, j'ai
réservé pour la fin l'opinion de M. Demolombe, que je trouve
à la suite de la consultation de M. Rousse, parmi les autres
consultations qui y ont été annexées :

« La section VII du titre Ier du livre III du Code pénal de
1810 est intitulée : les associations ou réunions illicites.
« Cette section, en déterminant les associations illicites, reconnaît forcément comme licites, au point de vue de la loi pénale, toutes les associations qu'elle n'atteint pas.

« Or, l'article 291 n'interdit, sous peine d'amende, que les associations qui présentent ce triple caractère :

« 1° D'être composées de plus de vingt personnes ;

« 2° D'avoir pour but de se réunir tous les jours, ou à certains jours marqués pour s'occuper d'objets religieux, littéraires, politiques ou autres ;

« 3° D'être formées sans autorisation du gouvernement ou en dehors des conditions qu'il a plu à l'autorité publique d'imposer.

« Il est évident que, pour se réunir tous les jours ou à certains jours marqués, les membres d'une association doivent avoir des domiciles séparés.

« Donc l'association qui a pour but la vie en commun, non seulement ne tombe pas sous le coup de l'article 291, mais est reconnue licite par l'article 291 lui-même ; il n'était même pas nécessaire que le paragraphe 2 de l'article 291 expliquât que dans le nombre de personnes indiqué par cet article ne sont pas comprises celles domiciliées dans la maison où l'association se réunit ; toutefois, cette explication est décisive, et l'on se demande comment il serait possible de trouver des coupables dans une association dont aucun membre ne pourrait figurer au nombre des délinquants.

« Aussi a-t-il été toujours reconnu par tous les jurisconsultes que l'article 291 ne pouvait atteindre ni une famille, si nombreuse qu'elle soit, dont tous les membres habitent sous le même toit, ni un atelier d'ouvriers, si nombreux qu'ils soient, qui vivent d'une vie commune, ni aucun groupe d'individus, qu'aucun lien de parenté ne rattache les uns aux autres, mais que rapproche seulement la conformité des goûts ou des besoins et qui partagent par économie ou pour toute autre cause la même vie dans un même domicile.

« Une association domiciliée, et par suite ostensible et permanente, n'a pas été considérée comme un danger pour la société.

« La loi du 10 avril 1834 n'a rien innové quant à l'immunité du domicile commun.

« En déclarant les dispositions de l'article 291 du Code pénal applicables aux associations de plus de vingt personnes,

M. Demolombe nous dit : « Il était inutile d'ajouter à l'article 291 un second paragraphe qui résultait suffisamment des termes du premier paragraphe .» La loi ne s'applique qu'aux associations se composant de personnes qui, venues de divers lieux, se réuniraient à des jours ou dates fixes pour causer de politique ou religion, et cette rédaction étant par elle-même suffisamment claire, elle exclurait nécessairement toutes autres réunions et notamment celles qui se composeraient de gens domiciliés dans un même immeuble, dans un phalanstère.

Le législateur aurait fait cela et on n'en trouverait pas trace :

Lisez les travaux préparatoires du Code de 1810, aux articles 291 et suivants, vous ne trouverez rien qui permette de dire que ce fut l'idée qui a présidé à la rédaction du premier paragraphe de l'article 291.

Chose plus curieuse, nous avons lu dans le volume *les Articles parlementaires* le rapport présenté par le grand chancelier, et il n'en dit pas un mot, et ce second paragraphe lui-même, il ne l'explique pas. Il va donc falloir que nous cherchions une explication quelque part, à côté de celle que nous donnent les jurisconsultes dont je viens de vous soumettre l'opinion.

Eh bien ! on ne trouve rien dans les travaux préparatoires du Code de 1810, et l'article 291 aurait été ainsi rédigé sans que personne y eût pensé, écartant d'un trait de plume les associations certainement les plus dangereuses.

Pour que l'article 291 ait une portée, et je ne suis pas encore à la loi de 1834, j'estime qu'il aurait fallu que le législateur l'eût dit d'une façon formelle.

Vous savez que Demolombe reconnaît qu'il ne l'aurait dit qu'implicitement, mais il ajoute qu'il le dit officiellement dans le deuxième paragraphe de l'article 291.

Quel est donc ce deuxième paragraphe ?

Est-ce qu'il parle par hasard, lorsqu'il dit : « Ne son pas comprises dans le nombre des personnes indiqué par le présent article, celles domiciliées dans la maison où l'association se réunit », est-ce qu'il parle des membres de l'association qui habitent la maison, est-ce qu'il dit : « dans le nombre des personnes indiqué par le présent article, ne sont pas compris les membres de ces associations domiciliés dans la maison où elles se réunissent ? »

Si j'étais en présence d'un texte aussi clair, je n'aurais pas à le discuter.

On ne nous oppose que l'argument de texte tiré des observations que vous connaissez, avec toute l'autorité et le talent que vous avez pu apprécier, mais enfin l'argument de texte qui, en somme, disons le mot, est tout simplement obscur.

Nous allons essayer de trouver la réponse quelque part, et puisque nous ne la trouvons pas dans les travaux préparatoires de la loi de 1810, nous la trouverons peut-être, Messieurs, au moins esquissée, dans les travaux préparatoires de la loi de 1834.

Je crois que je pourrais vous démontrer que le système ne tient pas par un simple raisonnement juridique ; je le ferai tout à l'heure, mais si je le faisais immédiatement, cette démonstration aurait le défaut de ne venir que de moi, et je ne me reconnais pas une autorité suffisante comme jurisconsulte pour présenter cette argumentation ; j'ai besoin de m'appuyer sur quelque chose de sérieux et je crois que je vais le trouver dans les travaux préparatoires de la loi de 1834. La discussion a duré fort longtemps, elle a tenu un grand nombre de séances, en mars 1834, notamment : trois volumes des archives parlementaires en sont remplis.

Je prends seulement ce qui m'intéresse, et, Messieurs, rassurez-vous, avec la lecture d'environ trois colonnes de cette discussion, je vais vous faire connaître ce qu'il est intéressant de savoir.

Un député, M. Roger, avait proposé un amendement à la loi de 1834 ; il avait proposé de dire que les associations ou réunions qui auront pour objet la célébration d'un culte religieux seront dispensées de la demande d'autorisation. Il y a quelque chose de très curieux à remarquer : déjà avant 1834, on s'était préoccupé de cette question du domicile, et le législateur de 1834 n'y a fait aucune allusion directe, mais vous allez voir comment il y a fait des allusions plus qu'indirectes : on a même prononcé le nom congrégation ; M. Roger n'avait pas osé le prononcer, car c'étaient elles qu'il voulait mettre à l'abri des dispositions de la loi nouvelle et de l'article 291 du Code pénal ; il avait employé la formule des associations et réunions qui ont pour objet la célébration d'un culte religieux.

M. Barthe s'explique sur l'amendement :

« S'il est vrai, en principe, que les réunions pour le culte sont permises par la Charte, sauf toutefois à se conformer aux lois existantes en ce qui concerne l'ordre extérieur, il est cependant vrai que des associations pourraient être empêchées de se former, alors même qu'elles auraient un but religieux ; par exemple : il y a d'anciennes lois contre les congrégations et les associations religieuses. Tout cela est entièrement étranger à la liberté des cultes, et je dois le dire, la loi actuelle serait applicable à ces associations, car il est très possible que dans ces associations, au lieu de s'occuper de choses purement spirituelles, on ne s'occupe que des choses temporelles ; ainsi, voilà la grande distinction à faire : s'agit-il de réunions qui ont seulement pour but le culte à rendre à la divinité et l'exercice de ce culte, la loi n'est pas applicable ; nous le dé-

devoir abandonner le fauteuil de la présidence et avec ce[tte] fermeté et cette énergie qui ne se sont jamais démenties ch[ez] cet homme, voici comment il parle.

Vous allez voir s'il a parlé des congrégations et s'il indiqué qu'il était nécessaire que la loi de 1834 pût atteind[re] les congrégations elles-mêmes.

« M. Dupin (à la tribune). — J'aime mieux, Messieur[s], pour conserver plus de liberté dans l'émission de mon opinion monter à la tribune et laisser M. Étienne présider, jusqu'à c[e] que cette discussion soit terminée par un vote.

« Je n'ai jamais hésité un seul instant sur cette question j'ai toujours pensé que dans un État policé, en présence d'un[e] grande société qui a fondé son gouvernement, des société[s] ennemies, des sociétés subversives ne peuvent pas échappe[r] aux regards, à la surveillance et à l'autorisation du gouverne[ment ; que ce n'était pas là un droit individuel comme l'exer[cice] de la liberté individuelle, de la liberté de la presse, d[u] droit de pétition ; qu'il s'agissait de se transformer pour ains[i] dire, de former un corps dans l'État, de constituer une personne morale, ayant une existence civile distincte de l'individu et de même que pour former la plus belle et la plus saint[e] des unions, celle du mariage, il faut qu'elle soit consacrée pa[r] l'autorité publique, à plus forte raison pour des unions qui peuvent ne pas mériter la même faveur et qui peuvent n'avoir pas un but aussi respectable.

« Ce principe me paraît être de l'essence de tous les gouvernements ; et je l'ai professé avec assez d'évidence, et dans més ouvrages, et dans l'exercice de ma profession, et dans toutes les circonstances, pour qu'on ne puisse pas dire qu'en le professant ici, j'apostasie. Je suis assez ferme dans mes principes, quoique la question se pose à moi fort incidemment, et sur une provocation inattendue, pour que je puisse à l'instant m'expliquer à la fois et sur la règle et sur les exceptions.

« Telle était la règle, à laquelle j'ai toujours conformé ma conduite en n'entrant jamais dans aucune association qui, n'étant pas autorisée, pour moi était illégale et par conséquent illicite.

« *Plusieurs voix.* — Très bien.

« M. ODILON-BARROT. — Je demande la parole.

« M. DUPIN. — En partant de la règle, et lorsqu'il s'agit d'exceptions, je dis que s'il fallait en faire, l'exception à laquelle je m'opposerais le plus, celle que je ne conseillerais jamais d'adopter, ce serait l'exception qui aurait pour prétexte les causes de la religion.

« Plus la cause est sainte, plus il est facile d'en abuser; c'est toujours sous le manteau de la religion qu'on a fait les brèches les plus sensibles à la liberté des personnes et quelquefois à la liberté politique des États. C'est là que des ambitions sacrées (je ne crains pas de leur donner cette épithète pour montrer jusqu'à quel degré d'exaltation elles se sont quelquefois portées); c'est là que des ambitions sacrées se sont agitées dans tous les temps. Interrogez notre vieille histoire; n'est-ce pas sous le nom de Sainte-Ligue, que, dans le XVIe siècle, vous avez vu les factions lever la tête, exciter la guerre civile, et ensanglanter le sol de la Patrie. Dans les temps modernes, n'ont-elles pas concouru à établir les principes de la Sainte-Alliance?

« Et dans nos quinze années de Restauration, n'avez-vous pas vu des congrégations de toute espèce se former sous le masque de la religion, étendre en tous sens leurs affiliations et pousser le gouvernement dans les voies qui l'ont perdu ? (*C'est vrai, c'est vrai.*)

« Ainsi, vous voyez qu'à côté de la chose la plus sainte est venu se placer l'abus sous le manteau sacré de la religion, et par là même avec plus de moyens d'en abuser; car on a pour soi, en pareil cas, les ignorants, les imbéciles, les ambitieux et les fanatiques, espèce nombreuse qui pullule et renaît sans cesse au profit de ceux qui veulent en abuser, tandis que vous, c'est avec beaucoup d'efforts que vous formez des hommes moraux, que vous cherchez à les former par une éducation nationale, et même dans ce nombre vous savez combien sont rares les hommes courageux et désintéressés.

« Je vous en adjure, Messieurs, si vous ne voulez pas être encore dupes des déceptions de gens qui conservent toutes leur espérances, même en s'effaçant, même en faisant dire qu'ils sont bien bas et qu'ils ne relèveront jamais la tête, ne leur ouvrez pas cette porte, ils s'y précipiteraient tous, et il n'y a pas un de vos ennemis qui ne puisse passer par là. (*Marques nombreuses d'adhésion.*)

« Il paraît bien singulier que des gens qui n'étaient qu'au service du despotisme semblent maintenant au service d'une autre cause. Vous croyez qu'il y a contradiction, mais c'est que vous ne voyez pas la question où ils la placent. Si vous voulez la voir tout entière, placez-vous au sein de leurs intérêts, ils ne veulent que le triomphe de leur cause sous le prétexte de la religion.

« Pour arriver à leur but, ils vont, non pas dans la communion des fidèles, dans ces réunions fortuites où l'on se rend, mû par le même organe, et pourtant sans être associé ; mais ils veulent former une association à part, et s'intitulent société ; ces hommes-là marchent constamment à la domination au profit des membres de leur association ; et quelle que soit la forme du gouvernement, leur but est constamment le même ; les moyens seuls varient, et comme, suivant eux, tous les moyens sont bons pour la bonne cause, ils ne sont jamais pris au dépourvu. Vivent-ils sous un gouvernement monarchique qui ait à sa tête une famille dont le chef consente à suivre leur direction, ils défendront ce gouvernement, s'en rapprocheront, parce qu'ils savent qu'en fortifiant ce pouvoir et en le rendant absolu, qu'en amenant un roi à dire : « L'État, c'est moi », ils savent, dis-je, que quand ils auront l'homme, ils auront l'État. »

Les Assomptionnistes vous disent : « Quand nous aurons les députés, les sénateurs, les ministres, nous aurons le président de la République. » On dirait que les paroles de Dupin ont été prononcées pour la cause.

« Telle est leur marche : ils prêchent l'absolutisme alors, parce qu'ils savent bien qu'ils s'entendront avec le pouvoir absolu, et qu'ils l'exploiteront à leur profit. Au contraire,

« Parce que des congrégations religieuses se sont formées, parce que sous des vœux religieux elles se sont occupées de politique, qu'elles ont ourdi je ne sais quelles intrigues politiques, vous voudriez jeter de la défaveur sur *l'amendement* proposé par M. Dubois, et qui *tend non pas à protéger ces congrégations religieuses pour lesquelles le culte ne serait qu'un prétexte*; mais l'exercice du culte, la réunion en commun pour exercer un culte, ou suivre les préceptes d'une religion. » —

M. Barthe avait répondu par avance et l'observation de M. Odilon-Barrot n'a pas arrêté la Chambre. M. Barthe avait indiqué : Pour ceux-là nous n'appliquerons pas la loi, il s'agit d'une loi de sûreté générale, nous avons le droit de choisir, le gouvernement poursuivra quand il aura intérêt à poursuivre, mais il ne poursuivra pas quand il sera en présence, non pas de congrégations habitant en commun, mais même d'associations s'occupant d'un culte qui ne trouble pas l'ordre public.

La question était nettement posée: les législateurs ont voulu rejeter l'amendement Dubois, l'amendement Roger, parce qu'à la faveur de cet amendement les congrégations se trouveraient à l'abri des dispositions de l'article 291 et de la loi qu'ils allaient voter.

Et l'amendement est rejeté.

Voilà, Messieurs, ce que j'ai trouvé dans la discussion de la loi de 1834, et alors je vais avoir un peu plus d'autorité en vous présentant les observations que j'ai à vous soumettre sur la question de droit.

Vous me permettrez de dire après cette discussion que M. de Vatimesnil, dont je vous ai signalé tout à l'heure le dédain pour l'opinion de M. Thiers, l'a traitée peut-être avec une légèreté aussi condamnable qu'irrespectueuse. M. Thiers, en effet, avait pris part à toutes ces discussions et, s'il n'était point entré

qu'il était, lui, simple propriétaire étranger à l'association, l'association était coupable d'une part, et il l'était de son côté; il entre dans l'association à la mort d'un des associés si vous le voulez, et cet homme qui, la veille, était coupable, qui entre dans l'association au décès d'un des associés et qui continue à recevoir les vingt membres de l'association échappe à la loi et en même temps y fait échapper l'association tout entière.

Voilà à quel résultat pratique conduirait l'interprétation donnée (j'ai le regret de le constater) par les éminents juris-consultes dont je vous ai donné les consultations, et songez, Messieurs, qu'il y en a beaucoup d'autres qui ont été du même avis; voilà à quoi ils arrivent; avec leur système on arrive à ce résultat.

Je dis que c'est absurde et qu'avant de dire qu'une loi est absurde, il faut essayer de le démontrer autrement qu'en disant : « C'est ainsi parce que c'est ainsi. » Car, au fond, pour les éminents jurisconsultes dont je viens de vous parler, le raisonnement que je viens de placer sous vos yeux repose à peu près sur cette théorie.

J'en ai assez dit. L'esprit de la loi, dont tout le système s'effondre, repousse l'impunité des congrégations. Leurs zélés défenseurs n'ont songé, voyez-vous (et c'est pour cela que je vous disais tout à l'heure qu'ils avaient voulu comprendre ainsi l'article 291), n'ont songé qu'aux congrégations qu'ils désiraient défendre. Me Rousse, que nous entourons tous ici du plus profond respect et de la plus grande affection, quand il rédigeait cette consultation célèbre sur les décrets de 1880, avait soin de dire quels étaient les hommes qu'il considérait comme devant être défendus contre l'entreprise, regrettable à ses yeux, du gouvernement en 1880.

« Cependant, nous le voulons, disait-il. Voilà l'autorité maîtresse du couvent. Là, du moins, elle se trouve au centre même de l'existence monastique ; elle a sous ses yeux la congrégation fonctionnant et vivant de la vie qui lui est propre.

« Là se voient des religieux, tous vêtus du même froc, taillé de la même façon depuis trois ou quatre siècles, ayant sur la poitrine le même scapulaire ; portant à la ceinture le même chapelet, la même croix de bois ou de cuivre, chantant vêpres, laudes et matines aux mêmes heures ; marchant ensemble d'un même pas, priant ensemble d'une même voix ; se levant, prenant leurs repas, se retirant dans leurs cellules au son de la même cloche qui commande à tous ; obéissant ensemble à une même règle qui est la règle de leur ordre et qui n'est celle d'aucun autre ; liés devant Dieu par des vœux qu'on ne prononce point ailleurs et dont la formule remonte à saint François, à saint Dominique ou à saint Ignace de Loyola ; on les saisit là en flagrant délit de toutes leurs vertus ou de toutes leurs superstitions — peu nous importe — mais faisant, à proprement parler, œuvre de vie monastique et de congrégation religieuse. »

Voilà les congrégations auxquelles pensait Mᵉ Rousse.

Est-ce, Messieurs, ce que vous connaissez ? Je ne sais, je veux le croire, les prévenus chantent ces chants, ces cantiques, et ces matines, mais ils publient dans la *Croix* d'autres cantiques que ceux qu'ils chantent. Est-ce que ce sont de vieux religieux confinés dans la prière ? Non, ce sont ceux dont vous parlait tout à l'heure M. Dupin, qui sont avec le pouvoir absolu les absolutistes, qui seront avec le pouvoir libéral plus libéraux que le pouvoir libéral, qui seront toujours prêts à lutter, ne s'occupant que très accessoirement des questions religieuses, mais s'occupant d'une façon permanente des questions politiques, dans des conditions de fait que j'ai suffisamment établies hier.

Messieurs, ils sont nombreux à Paris, nombreux à Livry,

Voici enfin, Messieurs, les observations de Dalloz au Code pénal, annoté sous l'article 292 au n° 7 : L'art. 292, en disposant que l'Association qui a contrevenu aux prescriptions relatives à l'autorisation sera dissoute, se réfère au cas d'une poursuite correctionnelle exercée en vertu de cet article, et suppose dès lors *une dissolution prononcée par le jugement de condamnation.*

« Les juges correctionnels saisis de la poursuite auront dès lors à examiner s'il y a une véritable association, si le nombre de membres qui rend l'autorisation administrative nécessaire se trouve atteint, si l'association est, ou non, soumise à autorisation à raison de son objet, si les individus poursuivis en font ou n'en font pas partie. »

J'ai fini, Messieurs. Je ne ferai pas plus de péroraison que je n'ai fait d'exorde. Je vous ai dit hier, aussi simplement que je l'ai pu, laissant la parole à ces messieurs, ce qu'était leur association, et si une fois ou deux, au cours de ce long exposé, je n'ai pas pu réprimer un mouvement d'indignation, soit lorsque j'ai rencontré certaines lignes publiées dans le journal *la Croix*, soit lorsque j'ai rencontré les réticences sur lesquelles je me suis expliqué et dont je ne veux pas reparler, vous me rendrez cette justice que je n'ai pas voulu dépasser une seule fois la mesure, que j'ai évité autant que je l'ai pu de parler des personnes étrangères à leur association et je n'ai parlé des prévenus eux-mêmes que lorsqu'il n'était pas possible de faire autrement. Ce que je poursuis, Messieurs, c'est la dissolution d'une société que je trouve éminemment dangereuse pour l'ordre social. J'estime que vous avez le pouvoir et le devoir de prononcer cette dissolution et je l'attends avec confiance de votre jugement.

M. le Président. — Maître Delepouve, quelle sera la durée de votre plaidoirie ? Nous pourrions vous accorder encore quelques instants.

Mᵉ Delepouve. — Je ne peux pas vous dissimuler que la longue audience m'a vivement fatigué, ainsi que mes onorables clients. Nous serions dans l'impossibilité de profiter du temps que vous nous donneriez, et cela m'imposerait une fatigue qui ne me permettrait pas d'expliquer tout ce que j'ai à dire au tribunal.

Si le tribunal veut nous renvoyer à demain, nous serons dans l'état de nous défendre ; aujourd'hui, ce serait impossible.

M. le Président. — À demain au début de l'audience.

L'audience est levée à 5 h. 25.

Audience du Mercredi 24 janvier 1900

L'audience est ouverte à midi 20.

M. LE PRÉSIDENT. — La parole est à M. le Procureur de la République pour présenter une observation.

M. LE PROCUREUR DE LA RÉPUBLIQUE. — Messieurs, l'observation que je veux présenter porte tout simplement sur la communication que j'ai à faire au Tribunal d'un certain nombre de protestations qui m'ont été adressées par quelques-uns des députés dont les noms sont cités dans le numéro du 12 mais 1898 du journal *l'Œuvre électorale*, sous la rubrique « Sièges gagnés », et dont j'ai donné lecture dans mon exposé de fait de lundi dernier. Les comptes rendus des journaux m'ont, paraît-il, attribué la classification faite de ces députés en constitutionnels, conservateurs, républicains, indépendants et républicains libéraux. La reproduction du journal auquel ces messieurs se sont reportés est évidemment inexacte, hâtive ; je n'ai fait que lire ce que j'ai trouvé dans le numéro du 12 mai 1898.

Quoi qu'il en soit, comme j'ai reçu un certain nombre de protestations de ces messieurs, je tiens à les mettre aux débats. Quand mon exposé n'aurait eu d'autres résultats que celui de permettre à ceux qui se considèrent comme compromis

par la prétention des prévenus de les désigner comme leurs candidats et de dire que les sièges qu'ils occupent sont des sièges gagnés par eux, par l'action électorale catholique, cet exposé aurait encore eu son utilité, je ne dis pas autre chose.

Je lis ces lettres, que je demanderai à M. le Président de vouloir bien joindre au dossier.

La première protestation est celle de M. Albert Christophle. M. Albert Christophle me fait remarquer qu'il n'a rien de commun avec M. Christophle, député de la première circonscription de Vienne, je crois, mentionné dans le numéro du journal en question sous la rubrique « Républicains libéraux ». Je joins sa dépêche au dossier.

Je passe à la première lettre : c'est une lettre de M. Cornudet, député de Seine-et-Oise. Il est classé dans le journal comme « constitutionnel » et comme occupant un siège gagné par l'action électorale catholique. Voici en quels termes il proteste :

« Paris, le 23 janvier 1900.

« Monsieur le Procureur de la République,

« Je n'ai sous les yeux qu'un compte rendu incomplet de votre réquisitoire d'hier contre les Pères Assomptionnistes, paru dans le *Matin* d'aujourd'hui.

« Parlant de l'action électorale et des « sièges gagnés »; vous citez un certain nombre de députés qui, suivant vous, auraient acheté le concours des *Croix* au moyen de traités secrets, d'engagements ignorés du public ; et vous faites, parmi mes collègues, deux catégories. »

Vous voyez bien, Messieurs, l'erreur : M. Cornudet imagine que c'est moi qui fais des catégories et il imagine que c'est moi qui considère que le siège qu'il occupe est un siège gagné par la Congrégation. Je reprends sa lettre :

[illegible] ... trouvé dans ma dernière lettre ... [illegible]
... vous pourriez faire des réserves ... Parmi eux ... ceux ... si
... que nous connaissons ... Je serais bien surpris, sachant
ce qu'on leur proposait, [qu']ils [n']avaient accepté une alliance dans ...
... que vous indiquez.

Je regrette beaucoup, Monsieur le Procureur de la République, de n'être pas au nombre de mes honorables collègues
qui ont la bonne fortune de vous ... personnellement comme le
vous ... pour ... toutes les insinuations dont j'ai dû
[faire] justice dans une réunion publique quelques jours avant
mon élection ... une ... ans ... dont ... trouver dans la
... d'un magistrat ... tout ... le compte et cette rectifica-
tion que voici:

[illegible]

... réunions publiques et qui ... pu être ... [illegible]

[illegible]

Veuillez, Monsieur le Procureur de la République, ...
... l'assurance ... [illegible]
... que vous ... [illegible]

[illegible]
Député de la Marne et de ...

[illegible]

Sénégal. M. Cornudet vient de dire que, quelques jours avant son élection, il avait été dans l'obligation de protester dans une réunion publique contre la prétention de l'OEuvre électorale qui le représentait comme candidat des Assomptionnistes ; eh bien ! M. d'Agoult va protester dans des termes encore plus frappants :

« Paris, le 23 janvier 1900.

« Monsieur le Procureur de la République,

« Dans son numéro du 23 janvier, au compte rendu de l'exposé que vous avez fait au cours du procès des Assomptionnistes, le journal *le Matin* publie une liste de vingt-cinq députés que les Assomptionnistes auraient fait élire. D'après ce journal, vous auriez ajouté la phrase suivante à la lecture de la liste : « Jusque-là je suis d'accord avec eux (les Assomptionnistes) ».

« Dans cette liste est le nom d'Agoult ; je pense qu'il se rapporte à moi, qui suis député du Sénégal.

« J'ai l'honneur de vous faire observer que la circonscription électorale du Sénégal est composée, pour les huit dixièmes, d'électeurs musulmans sur lesquels les Assomptionnistes ne peuvent avoir aucune influence. Le seul centre où les musulmans sont, peut-être, moins nombreux que les électeurs d'autres confessions est la ville de Gorée. Elle ne m'a donné que onze à douze voix sur deux cent quarante votants.

« Vos pouvoirs de magistrat vous auraient facilité la recherche de ces chiffres dans les dossiers des élections. Votre devoir vous le commandait avant toute affirmation.

« Ainsi la simple réflexion et une étude de quelques instants rendent évident que les Assomptionnistes sont étrangers aux élections du Sénégal.

« Si l'affirmation contraire ne provenait que de l'initiative privée, je ne la rectifierais pas. Il est regrettable qu'elle ait été faite par vous-même dans l'exercice de votre magistrature, sans aucune vérification.

« Agréez, Monsieur le Procureur de la République, l'expression de ma haute considération.

« *Signé :* H. D'AGOULT. »

Eh bien ! Messieurs, voilà une lettre qui démontre une fois de plus ce que M. d'Agoult et les autres protestataires n'ont pas vu, parce qu'ils s'en sont tenus à un compte rendu sommaire du Matin, avant d'attendre — puisqu'un journal publie, parait-il, la sténographie complète des débats — la publication qui doit être faite. Ils auraient vu que ce n'est pas moi qui prétends que Messieurs les Assomptionnistes ont gagné tels ou tels sièges, sous telle ou telle rubrique. Et lorsque je disais au tribunal avant de lire cette liste, lundi dernier, que les prévenus en la publiant employaient une espèce de truc électoral — pour me servir d'une expression que j'ai trouvée dans une publication émanant de la librairie de la Bonne Presse — que ce qu'ils voulaient, en présentant ces noms comme ceux de députés qui avaient accepté leurs conditions, c'était déterminer pour le scrutin de ballottage certains candidats, qui pouvaient avoir des craintes pour le succès de leur élection, à passer — ce fut mon expression même — sous leurs fourches caudines, et que, par conséquent, ils n'avaient probablement pas l'agrément de tous les députés dont ils donnaient les noms, je ne croyais pas si bien dire.

Je n'avais pas, pour ma part, remarqué que M. d'Agoult était député du Sénégal. J'aurais été aussi surpris que lui qu'on l'eût classé parmi les députés à l'élection desquels les prévenus se vantaient d'avoir contribué, alors qu'il était le représentant d'un collège de la religion musulmane et non pas de la religion du Christ.

Voici la quatrième protestation...

Le P. Picard. — Voudriez-vous, Monsieur le Président, me permettre de dire quelques mots. Un procès nous est intenté : si l'on veut faire venir, par rapport à ce procès, toutes les discussions des Chambres, toutes les protestations des députés, même par rapport à un journal qui s'imprime à la Bonne Presse, mais qui est un journal indépendant, nous n'en finirons jamais.

« On a voulu tirer des conclusions : pourquoi vouloir toujours revenir sur des faits qui ne sont pas dans le procès et sur des imputations attribuées aux religieux de l'Assomption, lorsque ces imputations ne s'adressent qu'à certaines personnes, à certaines sociétés et à certaines publications dont je ne prends pas la responsabilité ? On met toujours les Assomptionnistes en cause. Eh bien ! je proteste contre cette habitude de mettre les Assomptionnistes en toute occasion, en toute circonstance, de manière à faire peser sur eux tous les crimes qui peuvent s'accomplir sur la surface de la terre !... »

M. le Procureur de la République. — Cela ne constitue pas un nouveau réquisitoire. Je termine ma lecture après une simple observation : ce que je fais ici, c'est l'accomplissement d'un devoir... (Rumeurs.)

Le P. Picard. — Il n'y a qu'à lire les lettres !

M. le Procureur de la République. — C'est l'accomplissement d'un devoir qui s'impose à moi, et je n'ai pas à attendre l'appréciation de M. Picard sur la question de savoir comment je remplis ce devoir ! On a pu croire par mon exposé que moi, magistrat, je catégorisais, si je puis employer cette expression, je classifiais les députés : qu'en outre, je leur reprochais, moi magistrat, d'être affiliés à l'association que je poursuivais, d'avoir traité avec elle pour obtenir des votes. Cela est le

au débat de l'audience. Avertis et présents, nous aurions protesté sur-le-champ.

« Nous avons, Monsieur le Procureur de la République, l'honneur de vous saluer.

« *Signé :* AIMÉ DE LA CHEVRELIÈRE, MOTTE, GOURD, POZZO DI BORGO. »

Eh bien ! je n'ai pas prévenu ces messieurs, et je crois que je n'avais pas à les prévenir. Quand ai-je parlé de ce numéro de l'*Œuvre électorale*, journal si intimement lié à l'Assomption, qui est l'organe du comité Justice-Égalité, avec son siège, 8, rue François-Ier, avec, pour directeur, le P. Adéodat ? Ce comité est un de ceux dont j'ai dépeint le rôle. Eh bien ! quand ai-je dit cela ? Quand j'ai voulu, et c'était une démonstration indispensable, démontrer au Tribunal que cette formidable organisation politique électorale, dont il avait vu tous les traits sur les papiers imprimés par les prévenus sous leur responsabilité, avait produit des résultats.

Où pouvais-je trouver ces résultats, si ce n'est là où ils disaient, eux, qu'ils les avaient obtenus ? Ils l'ont dit dans un numéro de journal, imprimé chez eux pour représenter leur comité Justice-Égalité, journal qui est l'organe de ce comité dont le P. Adéodat est, je le répète, le directeur, imprimé, 8, rue François-Ier, supplément de la *Croix*. Ce sont eux qui ont dit : Nous avons gagné tel et tel siège occupé par telle ou telle personne.

Eh bien ! j'ai dit qu'en ce qui concerne un certain nombre de ces députés que je ne connais pas du tout, dont j'ignore parfaitement quelles sont les attaches, s'ils appartiennent à tel ou tel groupe, à tel ou tel parti politique, j'ai dit que je ne pouvais pas discuter. J'ai fait quelques réserves pour ceux que je signalais plus loin et dont quelques-uns m'étaient connus, ne pouvant pas admettre ce qu'on avait dit d'eux.

Mais pour tous, j'avais dit ce que je répète: c'est un piège, un nouveau piège tendu par cette association, par son comité Justice-Égalité, aux candidats qui sont en ballottage et qui, au second tour de scrutin, pourront se décider à passer sous les fourches caudines des Pères assomptionnistes.

J'ai encore deux autres rectifications d'une autre nature. En voilà une dont ces messieurs ne se plaindront pas. Je vous ai dit que j'avais l'habitude d'apporter dans le débat la plus grande loyauté, la plus grande netteté, et je mets quiconque au défit d'essayer de tenter de trouver le contraire dans les explications que j'apporte au Tribunal. Cette rectification-ci ne vient pas de députés, elle vient de Clairmarais, elle émane de trente-cinq élèves de Clairmarais, des enfants élevés dans les alumnats et les noviciats, et qui conservent l'indépendance que vous savez ; ils ont su ce que j'ai dit et ils protestent; eh bien ! il faut aussi que ce soit publié, il faut que la plus grande publicité soit donnée à toutes les protestations, aux vôtres comme aux autres. Voici celle des élèves de Clairmarais, elle est adressée à M. le Président du tribunal :

« Clairmarais, le 23 janvier 1900,

« Monsieur le Président,

« Nous avons appris, par la voie du journal, que M. Bulot, procureur de la République, avait accusé les Pères Assomptionnistes d'arracher les enfants à leurs parents, pour les faire entrer dans leurs alumnats.

« Afin de prévenir toute fausse accusation, nous croyons de notre devoir de porter à votre connaissance que nous sommes ici trente-cinq enfants élevés par les Pères Assomptionnistes, et que nous jouissons tous de la pleine liberté de choisir notre carrière. Nous sommes dans les alumnats de plein gré et avec l'assentiment de nos parents, et, s'il nous plaisait de nous retirer, aucun de nos Pères ne nous forcerait à rester.

« Au besoin, nous sommes prêts à attester par serment ce que nous venons de vous écrire.

« Agréez, Monsieur, l'expression la plus sincère de nos sentiments respectueux. ».

(Cette lettre est signée de Léon Paillel et de trente-quatre autres noms.)

Voilà la lettre, Messieurs. Ces enfants, ils sont dans un alumnat, ne donnent pas leur âge à la suite de leurs noms, mais enfin ces enfants, élevés avec l'indépendance qui est le propre des enfants d'une façon générale, quand ils sont sous la direction de leur maître, et qui se caractérise d'une façon bien plus nette chez des enfants placés sous la direction des Pères de l'Assomption, dont les alumnats sont organisés, non pas comme ils le disent à l'audience, mais comme le disent les documents que nous avons trouvés, ces enfants ont écrit la lettre que je viens de vous lire. Cette lettre est au dossier. C'est un document du débat.

Enfin, voici la dernière pièce :

« Troyes, 23 janvier 1900.

« Bulot, Procureur République, Palais Justice, Paris.

« Démentons formellement assertion P. Adéodat disant que, deux jours avant perquisitions, avons parlé des 1.800.000 fr. qui auraient été trouvés chez les Assomptionnistes.

« ARBOIN,
« Directeur du *Petit Troyen*. »

Ceci dit, Messieurs, je prie M. le Président de joindre les pièces que je viens de vous lire au dossier ; je n'ai plus rien à ajouter.

M. le Président. — Le Tribunal ordonne que les pièces lues par M. le Procureur de la République seront jointes au dossier.

Le P. Picard. — Dans les différentes observations que M. le Procureur de la République semble se plaire à multiplier dans le cours des débats, il revient sur une multitude de circonstances pour établir qu'il y a piège. Eh bien ! je trouve en effet qu'il y a des pièges dans la manière dont M. le Procureur de la République nous attaque.

Ainsi, hier, en terminant son exposé et son réquisitoire, il a parfaitement défini le but qu'il poursuivait ; en cela nous savons ce qu'il veut et nous pouvons nous défendre ; je pense que nos défenseurs insisteront sur ce point. Mais, dans l'exposé qui l'a précédé, il y avait piège parce qu'on voulait indisposer contre nous l'opinion publique et c'est à cause de cet exposé, dans lequel on faisait valoir une multitude de pièces saisies, qu'on ne nous a pas montrées, que personne de nous ne connaît, que nous ne pouvions pas réfuter, que M. le Procureur de la République s'est exposé à des démentis. Et ces démentis, Messieurs, ne s'adressent pas à nous : ils s'adressent à lui. Il veut les faire retomber sur nous ; mais il n'y a rien dans ces diverses pièces qui indique que ce soit à nous qu'on veuille s'en prendre : c'est au magistrat, et je le regrette, parce que la magistrature de mon pays est admirée et au moins respectée de tous, et je m'étonne qu'un magistrat recevant des démentis veuille les attribuer à d'autres qu'à celui à qui ces démentis sont adressés.

En second lieu, c'est encore un piège de venir mettre en

avant une lettre d'enfants, parce que ces enfants sont élevés par des religieux de l'Assomption. Cette lettre n'a de valeur ni pour ni contre, mais on veut la retourner contre nous, absolument comme si nous allions mendier les témoignages de nos enfants; nous avons un grand nombre d'enfants et je ne crois pas qu'on ait reçu de protestations de cette nature.

En troisième lieu, M. le Procureur de la République revient constamment sur ce point; en vertu de leur vœu de pauvreté, les religieux de l'Assomption ne doivent rien posséder.

Si M. le Procureur de la République, avant de faire son exposé, avait daigné me faire demander quelles étaient la pratique et la science sur la vie religieuse, il aurait su que théologiquement, dans toutes les sociétés actuelles et au point de vue des vœux, le vœu de pauvreté n'empêche nullement l'individu de posséder, de conserver son droit de possession, d'user de son droit de propriété, d'ester en justice, d'accomplir les actes de propriété, et de garder pour lui individuellement tout ce qu'il possède et tout ce qu'il peut obtenir; et alors il ne nous aurait jamais jeté à la face: Voilà des hommes qui ont fait vœu de pauvreté et qui possèdent.

Certainement, nous possédons, nous l'avons toujours dit, et l'Église nous oblige à garder ce que nous avons.

L'Église est une mère. Pendant longtemps, dans les sociétés, il y avait l'acceptation avec l'autorisation des congrégations religieuses; alors l'Église avait régé les vœux. Mais depuis cent ans, l'Église, pour les vœux simples, a établi des droits et en même temps des dispositions: le religieux qui fait un vœu simple de pauvreté, comme nous le faisons, conserve tous ses droits au point de vue de la propriété. Et lorsqu'on nous lance constamment ue nous ne pouvons rien avoir, que nous n'avons rien que nous mentons

parce que nous disons que nous n'avons pas des propriétés,
ie ne qualifie pas l'imputation qu'on met en avant contre nous.

Nous avons et nous conservons le droit de posséder, l'Église
nous le permet, la loi nous le conserve et aucune justice
humaine ne peut nous le contester.

Il en serait de même des autres vœux, mais je ne me per-
mets pas, à propos d'un incident, de rappeler la science théo-
logique sur les vœux, seulement je m'étonne que M. le Procureur de la République veuille nous enseigner la théologie et,
en vertu de théorèmes ou de théories qu'il proclame devant le
tribunal, nous obliger à suivre ces théories au lieu de suivre
les théories ou les doctrines de l'Église. L'Église en sait plus
que lui et que moi, et nous devons suivre la théorie de
l'Église lorsqu'il s'agit des vœux et d'examiner les droits de
ceux qui font des vœux.

M⁶ Bazire. — M. le Procureur de la République nous a dit,
tout à l'heure, qu'il avait tenu à lire les lettres de protestation
qui lui avaient été adressées par des personnes politiques,
quelque durs que soient les termes employés à son égard.
Veut-il me permettre de lui demander respectueusement s'il
n'aurait pas reçu aussi des lettres de M. Chiché, de M. Bernard et de M. Morinaud? Il faut rendre à chacun ce qui est à
chacun.

M. Bulot. — Je vous remercie, je n'avais pas voulu en
parler. Ces messieurs, comme bien d'autres depuis sept ou
huit mois, adressent leurs lettres aux journaux en disant :
j'adresse telle lettre à M. Un Tel, j'adresse telle lettre à M. le
Procureur de la République... Il n'y a que ce dernier qui ne
la reçoit pas, et je ne sais pas si je recevrai un jour les
lettres dont vous venez de me parler. J'ai vu comme cela à la
barre (certains s'en souviennent et je le vois à leur sourire)

notamment des plaintes en faux qui arrivaient au parquet huit jours après qu'elles avaient traîné dans tous les journaux.

Je recevrai peut-être la lettre de M. Bernard, la lettre de M. Morinaud, la lettre de M. Chiché, mais enfin elles ne sont pas arrivées, et la poste n'a pas eu pour eux la même complaisance que pour ceux dont j'ai lu les lettres, lettres conçues dans des termes ne pouvant constituer un délit.

Ces messieurs sont-ils prudents, ont-ils peur ? Ils auraient tort, je ne demanderais pas de poursuites, même s'ils m'adressaient leurs lettres avec les expressions inconvenantes qu'elles renferment.

Si je reçois ces lettres avant la fin des débats, je les lirai.

M° BAZIRE. — J'ai fait cette observation pour que ces messieurs ne disent pas qu'ils sont omis.

M. BULOT. — Ils ne sont pas omis, je vous l'assure, et je vous remercie de votre observation.

LE P. ADÉODAT. — D'après le *Petit Troyen*, ce n'est pas 1.800.000 francs, mais 35.000.000 de francs que nous avions. (*Lecture de l'article du « Petit Troyen »*.

En ce qui concerne l'*Œuvre électorale*, on tente toujours d'établir une confusion. L'*Œuvre électorale* est l'organe du comité Justice-Égalité ; je donne mon concours à ce comité en vertu de mes droits de citoyen, je le fais très volontiers, j'y ai donné à un certain moment toute mon activité... Je dis toute mon activité, c'est peut-être un peu trop dire, attendu que je n'ai pas abandonné mes devoirs professionnels, soit comme religieux, soit comme journaliste agricole. Mes occupations principales sont d'être religieux, c'est ensuite de m'occuper de journalisme agricole, et entre temps, par-dessus le marché si vous voulez, je donne mon temps au comité Justice-Égalité. Je le fais volontiers, surtout pendant les périodes électorales, et le comité Justice-Égalité a pour organe l'*OEuvre électorale*.

Remarquez que je ne veux pas m'attribuer tout le succès de Justice-Égalité, je ne suis que l'un des siens ; il y a dans le secrétariat un secrétaire général, il y a des secrétaires, il y a des amis qui viennent donner leur concours, je suis l'un de ces amis.

A certains moments, j'ai tenu une place prépondérante ; j'en accepte toute la responsabilité. Si vous voulez me charger de tous les crimes de Justice-Égalité, je les accepte, mais enfin c'est un comité distinct, indépendant de la *Croix* et de l'Assomption, et ce que dit l'*OEuvre électorale* concerne le secrétariat Justice-Égalité.

Cet incident clos, M. le Président Roulleau a donné la parole aux avocats des prévenus.

Mes Delepouve, de Bellomayre, Bazire et Reverdy ont présenté la défense des douze Pères Assomptionnistes.

Après une courte et dernière observation du supérieur général, le P. Picard, et à la suite d'une délibération d'une demi-heure, le Tribunal a rendu le jugement suivant :

LE JUGEMENT

Le Tribunal,

Attendu qu'il résulte des documents versés aux débats et de leur propre aveu que les prévenus font partie d'une association connue sous le nom de Congrégation des Pères Augustins de l'Assomption ;

Que cette Association comprend plus de vingt membres résidant à Paris dans un immeuble de la rue François-1er ; que, si aux termes de l'article 291 du Code pénal ne sont pas comprises dans le nombre des personnes indiqué par ledit article celles domiciliées dans la maison où l'association se réunit, il faut entendre par ces expressions limitatives les employés, serviteurs ou autres personnes étrangères qui, pour une raison quelconque, sont domiciliés dans la maison, mais qu'on ne saurait admettre que, par une organisation plus compacte, et en assurant d'une manière plus étroite, par une résidence commune, le lien qui les unit, les associés puissent échapper aux prohibitions de la loi ;

Qu'au surplus, les travaux préparatoires de la loi du 10 avril 1834, qui a pour objet d'étendre et d'aggraver les dispositions des articles 291 et 292 du Code pénal, ne laissent aucun doute à cet égard ;

Que la discussion publique qui précéda le vote de la loi précitée et le rejet d'amendements qui auraient eu pour résultats, s'ils avaient été adoptés, de soustraire les congrégations religieuses aux poursuites, ont nettement précisé la volonté du législateur et la portée de la loi ;

Attendu qu'il est en outre établi que d'autres membres de l'association poursuivie résident en France dans divers établissements dépendant de la maison principale et obéissant à l'autorité de son supérieur général ; que des membres de ces divers groupements se réunissent à certaines époques sous forme de retraites ou de congrès, soit à Paris, soit dans les départements ;

Attendu que l'association a pour principal but de s'occuper d'objets religieux, qu'il est également démontré par les pièces figurant au procès qu'elle s'occupe d'objets littéraires et politiques ; qu'elle aurait dû dès lors demander, pour se former, l'agrément du gouvernement, mais qu'il n'apparaît pas qu'à aucun moment elle ait obtenu ni même sollicité cette autorisation ;

Attendu que l'obligation d'obtenir l'agrément du gouvernement pour s'associer à plus de vingt personnes d'une manière permanente et de s'occuper des objets spécifiés dans l'article 291 du Code pénal ne porte aucune atteinte au droit qu'ont tous les citoyens de se réunir pour échanger leurs idées sur les conditions dans lesquelles ils entendent faire usage des libertés qui leur sont garanties par les lois existantes ;

En ce qui touche l'application de la peine :

Attendu que si, en 1880, la réunion des membres de la Congrégation des Pères Augustins de l'Assomption a été interdite par mesure administrative et de haute police, il y a lieu de constater que l'association s'est néanmoins reconstituée et a fonctionné pendant plusieurs années, bénéficiant ainsi de la tolérance du gouvernement qui ne pouvait ignorer cette réorganisation ; que les membres de l'association poursuivis ont pu croire dans une certaine mesure qu'ils continueraient à jouir, malgré l'illégalité de leur constitution, de la tolérance qui leur avait été accordée ;

Par ces motifs,

Faisant application aux prévenus des dispositions des articles 291 et 292 du Code pénal, 1 et 2 de la loi du 10 avril 1834, ainsi que de l'article 463 du Code pénal ;

Les condamne chacun à 16 francs d'amende ;

Déclare dissoute l'association connue sous le nom de Congrégation des Pères Augustins de l'Assomption ;

Et condamne les prévenus solidairement aux dépens.

La Cour d'appel de Paris a rendu, le 6 mars 1900, l'arrêt suivant :

La Cour, statuant sur les appels des prévenus, et sur les conclusions par eux prises,

Considérant que, par ordonnance de l'un des juges d'instruction, les prévenus ont été renvoyés devant le Tribunal correctionnel de la Seine, sous prévention d'avoir, depuis moins de trois ans, sur le territoire français, et notamment à Paris, fait partie d'une association de plus de vingt personnes formée dans le but de se réunir pour s'occuper d'objets religieux, littéraires, politiques et autres sans l'agrément du gouvernement ;

Que les articles 291 et 292 du Code pénal répriment les faits de cette nature ;

Considérant que l'autorisation que le Saint-Siège donne aux associations religieuses formées sous les dénominations de congrégations, communautés ou autres, ne règle que l'exercice de leur vie spirituelle, que si c'est par l'autorité ecclésiastique qu'elles existent dans l'Eglise, c'est par la puissance temporelle, qu'elles existent dans l'Etat ; qu'elles sont soumises aux lois de police et de sûreté qui obligent tous ceux qui habitent le territoire ;

Que tel est précisément le caractère des articles 291, 292 du Code pénal et de la loi du 10 avril 1834 ;

Considérant que le Concordat n'a autorisé que l'établissement des chapitres cathédraux et des séminaires ; qu'il a supprimé tous autres établissements ecclésiastiques ; que le décret-loi du 3 messidor an XII a confié au gouvernement contre ces établissements le double pouvoir de dissolution et de poursuite ; que les articles 291 et 292 du Code pénal ont donné à ce décret la sanction qu'il fallait demander jusque-là à la législation antérieure :

Considérant que ces articles n'ont pas créé un droit spécial exceptionnel en faveur des congrégations religieuses dont l'établissement en France était alors strictement interdit ; que leurs dispositions sont générales ; qu'ils s'appliquent aux associations de toute nature et qu'ils ne couvrent d'aucune immunité les associations permanentes qui pourraient être d'autant plus périlleuses pour l'ordre social que leurs membres vivent en commun, sous une direction unique et absolue et forment un Etat dans l'Etat ;

Considérant que les religieux augustins de l'Assomption autorisés comme congrégation, à Rome, le 26 décembre 1864, pour enseigner et pour prêcher, et résidant au nombre de plus de vingt, rue François-1er, à Paris, ont, postérieurement à ce décret et pour propager leurs idées sociales et politiques, créé tant à Paris qu'en province, dans les maisons de leur ordre, ou parmi les personnes n'ayant pas fait profession de la vie religieuse, des comités, des adhérents et des agents qui se réunissent au nombre de plus de vingt et en fractions dont la réunion est supérieure à ce nombre, sous la direction d'un comité central siégeant à Paris ;

Que les comités assurent leur action, coopèrent successivement à un but commun et se rattachent ainsi à leur œuvre ; que ce qui constitue le fait d'association entre plusieurs individus, c'est précisément la communauté du but qu'ils se pro-

le but de s'occuper d'objets religieux, littéraires, politiques et autres, pour laquelle ils n'ont ni sollicité, ni obtenu l'agrément du gouvernement;

Qu'il n'est pas nécessaire que les poursuites s'étendent à plus de vingt personnes;

Qu'il suffit que l'association existe et soit constatée pour que le délit existe à l'égard de chacun des associés, encore bien que plusieurs ne soient ni dénommés, ni poursuivis, ni préalablement déclarés coupables;

Adoptant, au surplus, les motifs des premiers juges qui ne sont pas contraires au présent arrêt;

Déclare les prévenus coupables d'avoir, sur le territoire français, et notamment à Paris, depuis moins de trois ans, fait partie d'une association de plus de vingt personnes, formée dans le but de se réunir, pour s'occuper d'objets religieux, littéraires, politiques ou autres, sans l'agrément du gouvernement;

Maintient la peine de 16 francs d'amende prononcée contre chacun d'eux par les premiers juges;

Mais, considérant que les prévenus n'ont jamais été condamnés, qu'il échet de leur appliquer le même traitement qu'aux membres des autres associations précédemment condamnées par cette cour;

Qu'il y a lieu, en conséquence, de leur faire application de la loi du 26 mars 1891, dit qu'il sera sursis à l'exécution de la peine d'amende;

Et vu l'article 292 du Code pénal, dont l'application est requise;

Déclare dissoute ladite association;

Condamne les prévenus solidairement aux dépens;

Fixe au minimum la durée de la contrainte par corps.

6-3-00. — Tours, imp. E. Arrault et Cie.